Schirner
Verlag

Das Buch

In diesem Buch lernt der Leser von den Delphinen: Wie man mehr Energie erlangen kann; wie man diese Energie durch Hilfsbereitschaft an andere weitergeben kann, ohne daß man dabei selbst leer wird; wie man sich einen liebevollen, unterstützenden Freundeskreis schafft; wie man beinahe spielerisch seiner Arbeit nachgehen kann; wie man lernt, auf seine innere Stimme zu hören. Dieses Buch weckt Sehnsucht nach der inneren und äußeren Weite und Freiheit der Delphine. Der Leser erhält einen Geschmack davon, wie die Schöpfung ursprünglich gemeint war. Die bewegenden Erfahrungen mit Delphinen, die die Autoren schildern, berühren den Lesenden tief und wecken in ihm den Wunsch, selbst zu mehr innerer Freiheit und Verbundenheit zu gelangen.

Die Autoren

Simon Schott, geb. 1917 in München, schrieb mehrere Kriminalromane, die im Ullstein Verlag unter dem Pseudonym Nicky Foldex erschienen sind, außerdem Science Fiction und musikalische Sachbücher. Das Fachbuch »How to Play Piano by Ear« ist voriges Jahr in den USA erschienen. Insgesamt wurden in den letzten 30 Jahren 15 Bücher von ihm verlegt, außerdem wurde ihm der ZDF-Preis der Leseratten verliehen.
Co-Autorin Jeanette Weiss wurde 1962 in München geboren. Während zahlreicher Auslandsaufenthalte hatte sie Gelegenheit, Delphine kennenzulernen und Erfahrungen mit ihnen zu sammeln. Die dabei gewonnenen Erkenntnisse inspirierten sie zu dem vorliegenden Buch.

Simon Schott • Jeanette Weiss

Die Delphin-Methode

Wie man im wachsenden Chaos des dritten Jahrtausends glücklich leben kann

Schirner Verlag

ISBN 3-89767-185-9

Erste Auflage

Umschlag: Murat Karaçay
Redaktion & Satz: Kirsten Glück
Herstellung: Reyhani Druck & Verlag, Darmstadt

Printed in Germany

Inhaltsverzeichnis

1. Kapitel

Es gibt nichts Dauerhaftes
außer der Veränderung.
HERAKLIT (544–483 V. CHR.)

Der Mensch im dritten Jahrtausend

Während im Universum Sonnen und Galaxien ihren Reigen ständiger Umwandlung vollziehen und sich die gigantischsten Aktionen, Implosionen, Explosionen, Kontraktionen, Kollisionen ereignen, blickt der Mensch treuherzig zu den ihm reglos erscheinenden Sternen hoch, in kindlicher Einfalt glaubend, daß dort oben immer alles beim alten bliebe.

Es ist dieselbe Blindheit, die ihn in der Hast des Alltags unfähig macht, den sensationellen Wandel zu erkennen, der sich überall um ihn herum eingenistet hat. So brach das dritte Jahrtausend ohne Vorwarnung als gewaltige Woge der Verunsicherung auf die Menschheit herein und läutete lautlos das Zeitalter des wachsenden Chaos und der Katastrophen ein. Nichts von dem, was dem Menschen bisher als unverlierbar sicher galt, hat seit dem 11. September 2001 noch Bestand. Alle negativen Entwicklungen sind im Wachsen: die Eskalation des Hasses, der Terrorismus, die Kriegsherde, die Naturkatastrophen, die Bevölkerungsexplosion. Dabei hat das dritte Jahrtausend noch gar nicht richtig begonnen.

Im Grunde ist es die Bevölkerungsexplosion auf unserem Planeten, die das Chaos hervorruft und deren verheerende Auswirkungen jetzt langsam sichtbar werden. Das Schlimmste daran ist: es gibt kein Mittel mehr, sie zu stoppen!

Nun lautet die Gretchenfrage: Findet hier nur ein lineares Wachstum statt – mit anderen Worten: ein normales? Oder handelt es sich um ein potentiales Wachstum – das heißt, ein Wachstum, das sich stetig verdoppelt?

»Denken wir an das Schachbrett, wo sich der Brahmane vom König für das erste der 64 Felder ein Weizenkorn erbat und für jedes weitere doppelt so viele Körner wie auf dem vorherigen. Wie bescheiden sah das aus! Auf dem 64. Feld lagen 2^{63} Weizenkörner, mehr als 900 Billiarden. Das sind 400 Milliarden Tonnen oder die Weltweizenernte für die nächsten tausend Jahre.« So *formuliert es Frederic Vester in seinem Buch* Unsere Welt – ein vernetztes System. *Und er führt noch ein anderes Beispiel an: »Wer kennt nicht die Sache mit den sich Tag für Tag verdoppelnden Teichrosen. Nach 15 Tagen ist der Teich halb bedeckt. Wann ist er ganz zugewachsen? ... Natürlich am 16. und nicht am 30. Tag!«* [1]

Wir sollten also mit einkalkulieren, daß schon in zwei Jahrzehnten aus den sechs Milliarden Menschen neun Millarden geworden sein könnten. Und daß wir dann auf unserem Planeten in einem chaotischen Umfeld ohnegleichen zurechtkommen müssen. Dies wird nur mit völlig anderen Verhaltensweisen als den bisherigen möglich sein.

Man muß kein Prophet sein, um voraussehen zu können, wie bereits nach den ersten fünfzig Jahren des angebrochenen Jahrtausends unsere Lebensbedingungen aussehen werden. Dazu stehen uns alle Informationen der Gegenwart zur Verfügung, und zwar in Form des augenblicklich erreichten Zustands von irgendeiner der vier größten Städte des Erdballs ... zum Beispiel von Mexico City!

Es wird gern totgeschwiegen, daß in dieser Stadt schon heute dreißig Millionen Menschen auf einer Fläche leben, die nur doppelt so groß ist wie Hamburg. Dreißig Millionen! Das ist die Einwohnerzahl von Kanada, welches zu den größten Ländern der Erde zählt. Und jedes Jahr ziehen weitere 750 000 Menschen nach Mexico City!

Die Umweltbelastung ist dort enorm geworden, und jährlich sterben in diesem Moloch über 100 000 Menschen an den Folgen von Smog. Die Stadt hat 600 Fernsehsender und 4 Millionen Autos, aber nur einen Park. Wasser ist knapp und so teuer, daß sich die Hälfte der Einwohner keinen Wasseranschluß mehr leisten kann. Die Armen werden ärmer und zahlreicher, wäh-

rend die Reichen von ihren Prachtvillen im Süden der Stadt per Hubschrauber zu Partys fliegen, um nicht im Stau stehen zu müssen. Korruption und 200 Milliarden Dollar Stadtverschuldung sind die Folgen der Übervölkerung.

Während man unter Einbezug der Dunkelziffern im Stadtgroßraum von Mexico City von einer Bevölkerungszahl von dreißig Millionen ausgeht, wird in den offiziellen Statistiken die Einwohnerzahl immer noch mit 8,6 Millionen angegeben. Schon von jeher wurde der Zustand von Wirrnissen vertuscht und Winston Churchill[A] sagte einmal im britischen Unterhaus: »Ich traue nur Statistiken, die ich selbst gefälscht habe!«

Nun ist Mexico City kein Einzelfall. Sao Paulo, Brasilien, beispielsweise hatte im Jahr 1900 nur 250 000 Einwohner. Heute weiß man nicht mehr, ob dieser Moloch zwanzig oder dreißig Millionen Zuwanderer beherbergt. Ja, man befürchtet sogar, daß innerhalb der nächsten zwei Generationen dort 60 Millionen Menschen leben werden. Deshalb nennt man Sao Paulo die Stadt, in der die Zukunft bereits Gegenwart geworden ist!

In Sao Paulo liegt der Fluß unter Beton. Der Müll türmt sich zu einer gespenstischen Landschaft. Tausende von Menschen leben in diesem apokalyptischen Umfeld, bergen ihre Kleidung und Nahrung aus dem Abfall der Wohlhabenderen. Jedes zweite Kind ist gezwungen, Bettler oder Dieb zu werden – oder von Prostitution zu leben.

Auf die erschreckend anwachsende Kriminalität angesprochen, sagte dort ein Angestellter: »Wenn ich abends heimfahre, verriegle ich als erstes die Türen meines Autos. Muß ich an einer Ampel halten, schaue ich nicht auf das Rotlicht, sondern nach links und rechts, um zu sehen, ob mich jemand überfallen will.«...[2]

Dabei ist das, was hier abläuft, die Gegenwart und noch nicht die Zukunft.

Oder nur insofern die Zukunft, als es innerhalb von fünfzig Jahren in allen heutigen Zehnmillionenstädten ebenso aussehen wird.

Aber es genügt schon, wenn wir nur unseren normalen westlichen Alltag unter die Lupe nehmen. Er scheint wie eh und je abzulaufen, aber in Wirklichkeit findet darin gerade eine gewaltige Umorganisation statt. Denn wir befinden uns im Zeitalter schwindelerregender Entwicklungen, wo jede oder jeder – sozusagen aus der Hosentasche – mit dem Handy binnen zwei Sekunden jeden beliebigen Punkt der Erde ansprechen kann. Wo ein cleverer Fünfzehnjähriger in Turnschuhen aus seinem Hobbykeller mit Hilfe eines Computervirus in der Lage ist, ein Wirtschaftsimperium lahmzulegen. Wo biedere Hausfrauen am Herd über ihr Internet-Handy ihre Kleinanlegeraktien an der New Yorker Börse managen und den Stand der Kurse beeinflussen. Wo Biologen durch Klonen von Lebewesen deren Doppelgänger herstellen oder Früchte wachsen lassen, die dreimal so groß sind wie ihre natürlich gewachsenen Verwandten.

In so einer Zeit, wo alles kippt, brauchen auch die Wege zum Erfolg neue Methoden. Und zwar völlig andere, als die vom letzten Jahrhundert.

Damals ging es darum, sich in der Geschäftswelt oder einer künstlerischen Domäne oder auf irgendeinem anderen Gebiet durchzusetzen, sich hochzukämpfen, Hürden zu nehmen, Hindernisse aus dem Weg zu räumen. Der Erfolg war damals ein Produkt festumrissener Eigenschaften, wie zum Beispiel Durchsetzungsvermögen, Standfestigkeit, Risikobereitschaft und ähnliches.

Alles ging vom Denken aus. Erfolgreich zu sein erforderte eine ganz bestimmte Einstellung der Gedanken, die man mit dem Begriff Positives Denken *bezeichnete. Es war der Ausdruck für eine alles Negative verneinende Denkmethode, wobei ein starker Glaube aufgebracht werden mußte und jegli-*

cher Zweifel tabu war. Das führte dazu, daß der Mensch die Welt um ihn herum verstellt vom Gerüst seiner manipulierten Gedanken wahrnahm, statt sie – wie alle intelligenten Lebewesen – meditativ mit seinen fünf Sinnen, plus dem sechsten Sinn, klar zu erfassen, und zwar so, wie sie wirklich ist, einschließlich aller Schattenseiten!

Theo Fischer bringt dazu in seinem Buch WU WEI – die Lebenskunst des Tao *ein gutes Beispiel: Ein Bus mit Touristen fährt durch eine prächtige Landschaft. Alle haben die Kamera am Auge und fotografieren, was das Zeug hält. Nur ein einziger Fahrgast sitzt still da und blickt zum Fenster hinaus. Auf die Frage, warum er nicht fotografiere, antwortet er: »Ich seh' mir's lieber gleich hier an!«* [3] *Alfred Korzybski drückte mit seinem Spruch »Die Landkarte ist nicht das Land« genau das gleiche aus.* [4]

Heute läuft alles nahezu ohne Zeitverzögerung ab, in einem schwindelerregenden Tempo. Nichts ist mehr statisch. Man gibt einen Produktionszweig auf oder erweitert, geht an die Börse, trennt sich, fusioniert, baut aus dem Nichts ein Imperium oder verschwindet über Nacht von der Bildfläche ... Die Konstellationen wandeln sich im Minutentakt, kein Arbeitsplatz ist mehr sicher, die ganze Welt ist in Bewegung!

Jeder, der in diesem Zirkus überleben und durch die Stromschnellen rasanter Entwicklungen navigieren will, ohne zu kentern, braucht eines wie die Luft zum Atmen: ... ein komplettes Umdenken! Eine völlig andere Lebensphilosophie!

Es gibt nur ein Lebewesen auf unserem Planeten, das diese Weltweisheit seit Jahrtausenden praktiziert und von dem wir sie lernen können: ... der Delphin.

2. Kapitel

Sei nicht überrascht, Poseidon,
daß wir freundlich zum Menschen
sind. Wir waren selbst Menschen,
ehe wir Delphine wurden.
LUCIANUS (120–180 N. CHR.)

Das Geheimnisvollste am Delphin ist sein Zugang zur kosmischen Energie.

Der englische Delphin-Forscher Horace Dobbs, der mit mehreren frei im Meer lebenden Delphinen über längere Zeit hinweg, mit manchen über Jahre, eng befreundet war, schildert uns eines seiner täglichen Erlebnisse. Wie seine zahlreichen Schriften und vor allem das Werk Das Buch der Delphine zeigen, hatte er bei seinen Tauchgängen eine ganz besondere, man könnte sagen »seelische« Verbundenheit mit seinen Delphin-Freunden.

Zu jener Zeit traf er sich schon über Wochen fast täglich vor einem bestimmten Felsen der bretonischen Küste mit einem Delphin-Weibchen, das jemand irrtümlich Jean-Louis getauft hatte. Obgleich er schon über ein Jahrzehnt mit Delphinen schwamm, begriff Horace Dobbs erst an diesem Tag die unglaublich innige Beziehung des Delphins zu den Elementen seines Lebensraums, eine wahrhaft kosmische Beziehung zur Natur, wie man sie während der Meditation erfahren kann.

»An jenem Tag war der Delphin-Felsen eine einzige Masse aus wütenden Wellen und weißem Gischt«, berichtet Dobbs. »Aus kürzerer Entfernung erkannten wir, daß es Jean-Louis war, die wie ein Boot auf den Wellen trieb. Ein Drittel ihres zitternden Körpers lag auf der Wasseroberfläche. Wir näherten uns leise. Die Augen des Delphin-Weibchens waren geschlossen. Einen Augenblick dachte ich, daß sie im Todeskampf sei, denn sie litt offensichtlich unter Krämpfen und war sich unserer Anwesenheit nicht bewußt. Plötzlich öffnete sie die Augen, als ob sie aus dem Schlaf erwacht wäre, tauchte und erschien neben dem Boot. Ihr Verhalten war wieder völlig normal. Da ich aus erster Hand wußte, wie sich große Tiere unter dem Einfluß von Morphium und anderen Betäubungsmitteln verhalten, war ich sicher, daß wir Jean-Louis in einer Art Trance überrascht hatten, die durch den Sturm und den heftigen Seegang hervorgerufen worden war. Als ich Flossen, Maske und Schnorchel anlegte, führte sie mich immer näher an den Felsen heran. Ich blickte hinab. Durch die Wirbel und Wolken aufsteigender Luftblasen konnte ich das Delphin-Weibchen nur für kurze Augenblicke erkennen. Es schwamm auf den Unterwasserströmungen wie auf einer Berg- und Talbahn und lud mich ein, hinunterzukommen. Ich kletterte in das Boot, schnallte das Atemgerät um und folgte seinem Ruf. Anschließend erlebte ich den aufregendsten Ausflug meiner fünfundzwanzigjährigen Taucherkarriere. Ich wurde zwischen den Wirbeln und Strömungen hin- und hergeworfen, die an den Algen zerrten wie ein Hurrikan an Palmen. Als ich mich nahe einer Felswand befand, hatte ich den Eindruck, als ob sie mir entgegengeschleudert würde, um sich dann plötzlich mit enormer Geschwindigkeit in die entgegengesetzte Richtung zu bewegen. In Jean-Louis' Begleitung spürte ich jedoch keine Angst, sondern nur ein wachsendes Gefühl tiefer Erregung. Als ich wieder ins Boot stieg, verlieh ich meinen Gefühlen in einem atemlosen Wortschwall Ausdruck. Niemals zuvor in meinem Leben hatte ich mich in so gehobener Stimmung befunden!« [5]

Dieser Bericht führt uns vor Augen, daß das Delphin-Weibchen Jean-Louis dem Menschen Horace Dobbs das vollkommene, glückliche Einssein mit der Natur zeigen wollte. Das totale, körperliche und seelische Eingebundensein in die Natur, das Begreifen, daß wir Teil eines großen Ganzen sind, durch dessen Energiefeld unser Leben gespeist wird.

Besonders ein Satz, der Schlußsatz dieses Berichts, sollte uns zum Nachdenken anregen: »Niemals zuvor in meinem Leben hatte ich mich in so gehobener Stimmung befunden!« ... Was meinte Dobbs damit?

Vielleicht wird uns klar, was hier vorging, wenn wir einen anderen Satz aus einem anderen Buch hinzufügen, und zwar aus dem Werk von Kirsten Kuhnert Jeden Tag ein kleines Wunder. Die Autorin erzählt von dem Delphin-

Weibchen Spunky in der Anlage Dolphin's Plus *in Key Largo, Florida: »Und wann immer es geht, schwimme ich mit ihr, manchmal nur ein paar Minuten. Und dann ist es so, als hätte jemand* einen leeren Akku aufgeladen.*«* [6]

Fast von allen, die sich mit Delphinen angefreundet hatten, kamen ähnliche Feststellungen:

»Wir kehrten mit viel positiver Energie *zurück.«*

»Wir konnten dort viel Kraft tanken, *es war einfach Erholung für Körper und Seele!«*

»Ich spürte, was die Delphine zu geben imstande waren: Kraft und Energie ...*«*

»Vielleicht bekommen wir ja irgendwann einmal wieder die Möglichkeit, bei unseren Freunden, den Delphinen, Rast zu machen, um neue Lebensenergie *zu tanken.«*

Das gleiche Wort kommt auch in vielen Delphin-Beschreibungen vor, wie beispielsweise in Marc Carwardines The Book of Dolphins*: »... anmutig, gefühlvoll, friedlich, frei, verspielt,* voller Energie ...*«* [7]

So schildert der gleiche Autor und Delphin-Forscher beispielsweise den Streifendelphin mit folgendem Satz: »Wie viele andere Delphine ist der Streifendelphin ein Tier voller Energie *und oftmals sehr auffällig.«*

Auch Amanda Cochrane und Karena Callen stellen in ihrem Buch Dolphins and Their Power to Heal *dieses Phänomen heraus: »Wildlebende Delphine strahlen eine* Energie *und Vitalität aus, die Menschen schon seit Urzeiten fasziniert hat.«* [8]

Der junge Beduine Abid'allah war über Jahre an den Ufern des Roten Meeres auf eine unglaublich innige Art mit dem weiblichen Delphin Oline befreundet. In ihrem Buch »Das Lächeln des Delphins« beschreibt Pascale Noa

Bercovitch ihre erste Begegnung mit diesem Delphin, als sie mit den beiden schwamm: »Ich murmele unter Wasser 'Oline, Oline'. Sie kommt etwas näher an mich heran, ich streiche mit den Fingerspitzen über ihre Flosse, das mögen Delphine. Wir lernen uns kennen. Ich will sie nicht bestürmen, nur um sie zu berühren, und als sie sich entfernt, bewege ich mich nicht. Mit weit geöffneten Augen blicke ich sie an. Sie hat mich von jeglicher Schläfrigkeit befreit. Ihre Anwesenheit hat eine unendliche Kraft.

Und dann stellt sie sich mit einer Schwanzbewegung senkrecht vor Abid'allah, um sich den Hals kraulen zu lassen. Das Maul über dem Wasser, ganz gerade. Wie kann sie in dieser Position verharren, ohne sich zu bewegen? Abid'allah paddelt mit den Füßen, um auf der Stelle zu bleiben, und krault sie, er schreit ihren Namen und lacht sehr laut. Welches Glück! Ihre Beziehung ist so fröhlich, daß auch ich lachen muß.

Plötzlich, wie auf ein unhörbares Signal hin, schwimmen sie beide davon, fast Bauch an Bauch, einer neben dem anderen. Ihre beiden Körper ziehen Spiralen, kreuzen sich, bewegen sich aufeinander zu und entfernen sich wieder voneinander. Ein unglaubliches Unterwasserballett! Sie bilden gemeinsam ein großes Auge, das sich sanft öffnet und schließt. Ich folge ihnen in einigen Metern Entfernung und beobachte sie voller Staunen: das Meer gehört ihnen.

Mit Abid'allah schwimmt Oline weit hinaus, während sie allein oft in dem Bereich bleibt, den sie sich in der Lagune ausgesucht hat. Ihre Beziehung ist innig und zärtlich. Sie scheinen sich vollkommen zu verstehen. Körper an Körper, wie zwei lang miteinander vertraute Liebende.

Abid'allah streicht kräftig über Olines Rücken, während sie den Kopf an seine Schulter legt. Als wären es Hände, berührt sie mit ihren Flossen seine

Arme und Hüften und streckt ihm das Maul zu einem Kuss entgegen. Ich bin gerührt, es ist mir fast peinlich dort zu sein, als Zuschauerin einer so intimen Szene. Ihre Körper beschreiben einen Bogen. Fast könnte ich sie verwechseln. Der Körper des Delphins wird menschlich, Abid'allah wird zu einem Meeressäuger. Ich denke an die antiken Darstellungen von Eros und Aphrodite, den Göttern der Liebe, die auf einem Delphin durch die Fluten reiten.« [9]

Wir führen diese Schilderung von Pascale Noa Bercovitch deshalb an, weil sie als eine der innigsten Beschreibungen der Delphin-Mensch-Beziehung gilt.

Aber wenden wir uns wieder dem Phänomen Energie zu und sehen wir uns diese andere Stelle ihres Buches an: »Olines Rückenflosse zieht vor dem Strand durch die Wellen wie ein Bündel von Sonnenstrahlen zwischen schwarzen Wolken. Ihre Energie überfliegt das Meer und ihre Anwesenheit ist bis zum Riff und zu den Steinen am Ufer spürbar.« [9]

So gibt es noch viele andere einschlägige Berichte und Erfahrungen. Zum Beispiel das, was Ilona Selke erlebt hat und in ihrem Buch Weisheit der Delphine – Begegnung mit dem kosmischen Bewußtsein *erzählt: »Plötzlich geschah etwas Sonderbares mit mir. Ich hatte das Gefühl zu schweben und schien gar keine Luft mehr zu benötigen. Ich glitt gemeinsam mit den drei Delphinen durchs Wasser, fühlte mich dabei von ihnen regelrecht mitgezogen* und von einer Art Energiekugel eingehüllt.«

Hier eine andere Stelle ihres Buches, wo sie beschreibt, was ihr Freund Don an diesem Tag erlebt hat: »Ganz aufgeregt berichtete uns Don von seinen vorangegangenen Erlebnissen. Zwei Delphine waren links und rechts von ihm geschwommen und hatten ihn näher an den Strand begleitet, wo sie ihm ihren Unterwasser-Garten zeigten. Zwanzig Minuten lang führten sie ihn herum, blieben die ganze Zeit dicht bei ihm und versuchten offenbar, ihm etwas zu zeigen, das für sie sehr wertvoll war. Es mußte für Don ein unbeschreiblich schönes Gefühl gewesen sein, denn seine Augen leuchteten, und seine überschäumende Energie ließ ahnen, welch ekstatische Freude er in Gegenwart der Delphine empfunden hatte.« [10]

Hier hatte das gleiche stattgefunden wie bei Horace Dobbs, wo Jean-Louis dem Menschen Horace Dobbs ihren Unterwassergarten zeigen wollte und welche Energie er liefert. Auch dieser Delphin hatte seinem Bruder Mensch etwas ganz bestimmtes demonstrieren wollen, hatte versucht, ihm zu erklären, aus welchen Quellen der Natur er die kosmische Energie aufnehmen kann, die er braucht, um ein besserer Bewohner des Planeten zu werden.

Alle diese Beobachtungen weisen auf ein Delphin-Geheimnis hin, das bislang noch nicht genügend untersucht worden zu sein scheint:

... das außergewöhnliche, enorme Energiepotential des Delphins, welches in der Welt der Lebewesen einmalig ist; ebenso die Art, wie er diese kosmische Energie aus den Brunnen der Natur zieht!

Dabei geht es nicht nur um das Delphin-Rezept einer minutenschnellen, hundertfach stärkeren Aufnahme glücklicher Energie aus dem unerschöpflichen Reservoir der Natur. Delphine haben auch eine ganz andere Umgangsweise mit dieser Energie. Ja, sie verteilen sie sogar als Geschenk!

Wir alle wissen, daß ENERGIE eine physikalische, und gleichzeitig eine kosmische Angelegenheit ist. Denn man kann durchaus behaupten, daß das Phänomen Energie das vierte kosmische Rätsel darstellt, nach dem Rätsel Gravitation, dem Phänomen Zeit und dem Faktor Zufall. welcher der Quantenphysik zugrunde liegt. Energie ist die Urkraft im Kosmos und somit auch die

Quelle für das Funktionieren jedes Lebewesens. Ohne sie gäbe es keine Aktivität, keine Kreativität, keinen Gedankenablauf, keine Gefühlsregung, keine Inspiration. Mit anderen Worten:

Energie ist die biologische Voraussetzung für jede Art von Erfolg!

Deshalb werden wir im nächsten Kapitel versuchen, dieses System des Delphins auf unsere Ebene zu übertragen und es uns anzueignen.

Natürlich ist das kein einfaches Unterfangen. Vieles, was mit dem Verhalten dieses Lebewesens zu tun hat, scheint für uns immer ein Geheimnis zu bleiben: seine Intelligenz, seine selbstlose Hilfsbereitschaft gegenüber Menschen, seine Sprache sowie sein Kommunikations- und Radarsystem, seine telepathische Begabung, seine spielerische Lebensfreude, die einmalige Struktur seiner Haut und seine Fähigkeit mit unvorstellbarer Geschwindigkeit im Element Wasser voranzuschießen. Delphine sind geschwinder als ein Torpedo oder ein schnelles Kriegsschiff! So bringt es beispielsweise die »Edinburgh«, ein moderner britischer Zerstörer mit Gasturbinenantrieb, auf eine Höchstgeschwindigkeit von 30 Knoten = 55 Stundenkilometer, während Delphine imstande sind, 60 Stundenkilometer zu erreichen. Und das nicht nur im Sprint, sondern auch über einen längeren Zeitraum! Es ist nicht schwer zu erahnen, welch unglaubliches Quantum an gespeicherter Energie für diese Leistung vonnöten ist!

Sein engster Verwandter aus der Furchenwalfamilie, der Blauwal – das riesenhafteste Säugetier, das jemals die Erde bewohnte – hat eine Länge von 33 Metern und ein Gewicht von 150 Tonnen. Gemäß dem bekannten Vergleich des Biologen E. J. Slijpers (1907–1968) wiegt er soviel wie 4 Brontosaurier oder 30 Elefanten oder 200 Rinder. Sein Herz ist so groß wie ein Kleinwagen, seine Zunge tonnenschwer. Aber auch bei ihm ist sicher das Erstaunlichste sein sagenhafter Energievorrat, der diesen Koloß unter Wasser mit einer Geschwindigkeit von fünfzig Kilometern in der Stunde vorwärts zu katapultieren imstande ist. Die Harpune der Walfänger war zu langsam, um ihn zu erreichen. Erst mit der Kanone konnte man den Blauwal an den Rand der Ausrottung bringen, und es dürfte nicht mehr allzulange dauern, bis dieses prachtvolle Tier nur noch als Skelett in Museen zu bewundern sein wird.

In diesem Zusammenhang bleibt es interessant, daß von den vielen Autoren, die Bücher über Delphine geschrieben haben, eigentlich nur Ilona Selkes zu jener Erkenntnis gefunden hat, welche der Schlüssel für das Geheimnis des Delphins zu sein scheint. So schrieb sie: »Wissenschaftler untersuchten, über welche Ausdauer Delphine beim Schwimmen verfügen und welche Geschwindigkeiten sie erreichen. Wenn man ihre Masse und die ihnen zur Verfügung stehende Kraft berücksichtigt, läßt es sich wissenschaftlich bis heute nicht erklären, wie sie derartig schnell schwimmen können. Vielleicht zapfen sie die universelle Chi-Energie an.« [10]

Diese Fähigkeit, das universelle kosmische Energiefeld anzuzapfen, ist nur unter einer bestimmten Voraussetzung, mit einer bestimmten geistigen Einstellung praktizierbar. Und wenn auch wir Menschen in die glückliche Lage kommen wollen, uns diese Fähigkeit anzueignen, dann müssen wir diese Voraussetzung kennen. Sie besteht aus der Kunst, selbst ein Teil der Natur zu werden.

Möge es dem Delphin gelingen,
den Menschen zu überzeugen,
daß er den größten Reichtum,
der ihm je anvertraut wurde,
bewahren könne:
das Leben auf der Erde!
Solange es noch Zeit ist!
GÉRARD SOURY

3. Kapitel

Hoffnung ist ein Risiko,
das wir eingehen müssen.
Aristoteles (384–322 v. Chr.)

Kann der Mensch das Ende allen Lebens noch abwenden?

Im Jahr 1854 unterzeichnete Häuptling Seattle vom Stamm der Duwamish den sogenannten Port-Elliot-Vertrag. Er erklärte sich darin bereit, das Land im Gebiet des Puget Sounds aufzugeben und in ein Reservat zu ziehen. Vor der Unterzeichnung hielt er dem Gouverneur des Territoriums von Washington eine Rede, die zu den schönsten und tiefgreifendsten Texten über die Beziehung des Menschen zu seiner Umwelt gehört:

»Jedes Stückchen dieses Bodens ist meinem Volk heilig. Wenn wir euch diesen Boden überlassen, so müßt ihr euch daran erinnern, daß er heilig ist. Ihr müßt euren Kindern beibringen, daß er heilig ist und daß die seltsamen Spiegelungen im klaren Wasser von den Ereignissen und vom Gedächtnis meines Volkes erzählen. Wir wissen, daß uns der weiße Mann nicht verstehen kann. Für ihn ist jedes Stück Erde ähnlich wie das andere. Er gleicht einem Unbekannten, der nachts kommt und der Erde alles entreißt, was er braucht. Der Boden ist nicht sein Bruder sondern sein Feind, und wenn er ihn erobert hat, geht er weiter. Er behandelt die Erde, seine Mutter, und den Himmel, seinen Bruder, wie Dinge, die man kaufen, verkaufen oder stehlen kann, wie man Schafe oder Perlen stiehlt. Sein Appetit wird die Erde verschlingen und nur noch eine Wüste zurücklassen. Ich weiß nicht. Unsere Wege sind verschieden von den eurigen. Aber vielleicht bin ich nur ein Wilder, der euch nicht versteht.

Die Luft ist wertvoll für den roten Mann, weil alle Dinge denselben Atem teilen. Das Tier, der Baum, der Mensch, alle teilen denselben Atem. Der weisse Mann widmet der Luft, die er atmet, keinerlei Aufmerksamkeit. Wie ein Mensch, der seit vielen Tagen im Sterben liegt, nimmt er den Gestank nicht mehr wahr. Wenn wir euch aber unser Land verkaufen, sollt ihr euch daran erinnern, daß die Luft wertvoll für uns ist, daß sie ihren Geist mit allen Wesen, die sie belebt, teilt.

Wir werden also über euer Angebot, unser Land zu kaufen, nachdenken. Wenn wir es akzeptieren, stelle ich eine Bedingung: Der weiße Mann muß die Tiere dieses Gebietes wie seine Brüder betrachten. Ich bin ein Wilder und kenne keine andere Art. Was ist der Mensch ohne die Tiere? Wenn alle Tiere verschwänden, würde der Mensch in einer großen geistigen Einsamkeit sterben. Was mit den Tieren geschieht, geschieht auch bald mit den Menschen ... Alle Dinge sind miteinander verbunden.

Lehrt eure Kinder, was wir unseren beigebracht haben: Die Erde ist unsere Mutter. Alles, was der Erde widerfährt, geschieht auch den Söhnen der Erde. Wenn die Menschen auf die Erde spucken, spucken sie auf sich selbst. Wir wissen eines: Die Erde gehört nicht dem Menschen, vielmehr gehört der Mensch der Erde. Alle Dinge sind miteinander verbunden. Der Mensch webt nicht das Gewebe des Lebens, er ist höchstens ein einfacher Faden. Was diesem Gewebe widerfährt, geschieht auch ihm selbst.

Trotz allem können wir Brüder sein. Wir werden sehen. Wir wissen, daß der weiße Mann eines Tages entdecken wird, daß unser Gott derselbe Gott ist. Ihr glaubt, ihr könnt ihn besitzen wie eure Erde. Aber ihr täuscht euch. Wer der Erde schadet, mißachtet auch seinen Schöpfer. Auch der weiße Mann wird verschwinden; vielleicht schneller als alle anderen Stämme. Besudelt euer Bett und eines Nachts werdet ihr in euren eigenen Abfällen ersticken. Euer Schicksal ist ein Geheimnis für uns, weil wir nicht verstehen, warum die Büffel abgeschlachtet, die Wildpferde gezähmt, die geheimen Winde des Waldes durch den Geruch vieler Menschen und die Hügel von Telegraphenleitungen verunstaltet wurden.«

Wo ist das Dickicht? Verschwunden.
Wo ist der Adler? Verschwunden.
Das ist das Ende des Lebens
und der Beginn des Überlebens.
HÄUPTLING SEATTLE (1786–1866)

Mein Gott, wie recht er hatte! Alles, was er befürchtet hat, ist eingetroffen! Denn so sieht seine heile Welt heute aus:

Luftverschmutzung, Ozonloch, nukleare Verseuchung, Atommüll und giftige Chemieabfälle, Meere verpestet, Fischreserven vernichtet, Tiere für geschäftliche Zwecke grausam gequält und getötet, Trinkwasser gefährdet, Gift in Futtermitteln, Raubbau aller Energievorräte, Aussterben von Tier- und Pflanzenarten, riesige Flächen von sauerstoffspendender Vegetation durch Abholzung der Wälder vernichtet. Und so weiter, in einer tödlich eskalierenden Spirale.

Das Beunruhigende ist, daß wir nach Einschätzung einiger Wissenschaftler bereits an dem Punkt sind, wo eine Rettung für die Zukunft nicht mehr möglich ist. So teilte der Astrophysiker Stephen Hawking, eines der größten Genies der Gegenwart, bei einem Vortrag in Edinburgh mit, daß die Menschheit sich darauf vorbereiten sollte, auf einen anderen Planeten auszuweichen, weil sie nicht genügend Maßnahmen ergreife, den Ozongürtel unseres Planeten zu erhalten. Die Erderwärmung, die wir erzeugen, würde das Leben bei uns auslöschen.

Wie konnte es nur soweit kommen? Welche Irrlehre, welche teuflische Weltanschauung hat den »Homo sapiens«[B] dazu gebracht, blind und bar jeder logischen Einsicht in die völlig verkehrte Richtung, auf den Abgrund zu, zu marschieren?

Über diese Frage müssen wir ernsthaft nachdenken; denn nur wenn wir sie beantworten können, besteht eine Chance, noch in letzter Sekunde – das wären nach astronomischem Zeitmaß etwa dreihundert bis vierhundert Jahre – die Endkatastrophe abzuwenden.

Als erstes müssen wir uns darüber klar werden, daß in der Geschichte der Menschheit jede neue Zeitepoche auch eine neue Sicht des Lebens hervorbrachte. Dabei waren es nie Kriege oder staatspolitische Veränderungen, welche die bestehende Ära ablösten. Es waren immer grundlegende Entdeckungen der Physik, die ein neues Weltbild erzeugten und so ein totales Umdenken der Menschheit bewirkten. Diesen historischen Ablauf der Ansichten hat Fritjof Capra, der amerikanische Atomphysiker österreichischer Herkunft, in seinen großartigen Werken Wendezeit und Das Tao der Physik aufgezeigt. Ich will den von ihm geschilderten Ablauf hier in kurzer Form wiedergeben.

Die Lehre des Astronomen Claudius Ptolemaeus (100–160 n. Chr.), daß die Erde der Mittelpunkt des Universums sei, hat vom zweiten Jahrhundert an bis weit ins Mittelalter hinein das gesamte religiöse und weltanschauliche Gedankengut des Menschen geprägt. Diese verkehrte Ansicht der damaligen Wissenschaft, daß unser Planet das Zentrum des Weltalls wäre, führte zu den irrsinnigsten Schlußfolgerungen, die im damaligen Lehrgut als unumstößliche Wahrheiten verankert wurden. Und es dauerte sage und schreibe eineinhalb Jahrtausende, bis Kopernikus (1473–1543), Galilei (1564–1642) und Kepler (1571–1630) kamen, um zu beweisen, daß alles bisher Gedachte falsch gewesen war.

Natürlich ging der Wandel nicht schlagartig, sondern nur äußerst zäh vor sich. Es war gefährlich, anderer Ansicht zu sein und gegen die bestehenden Dogmen anzurennen. So brachte der Pole Nikolaus Kopernikus seine These, die Sonne stehe im Mittelpunkt und die Erde sowie die anderen Planeten bewegten sich in kreisförmigen Bahnen um sie, zunächst einmal anonym in Umlauf, aus Angst, als Ketzer auf dem Scheiterhaufen verbrannt zu werden. Sein großes Werk De revolutionibus orbium coelestium ließ er erst ein paar Wochen vor seinem Tod drucken. Fast ein Jahrhundert verging, bis man sein Modell ernst nahm.

Im Jahr 1609 begann Galileo Galilei den Nachthimmel mit einem neuen Fernrohr zu beobachten, das gerade erfunden worden war. Dabei entdeckte er, daß der Planet Jupiter von Satelliten begleitet wird. Es mußte also nicht alles um die Erde kreisen, wie Ptolemaeus behauptet hatte. Deshalb setzte er sich öffentlich für die Theorie des Kopernikus ein, wonach sich die Erde bewegt, und zwar in einer Bahn um die Sonne. Galilei wurde der Ketzerei angeklagt und mußte vor dem Inquisitionsgericht in Rom seinem Bekenntnis abschwören, um der Todesstrafe zu entgehen.

Auch Johannes Kepler trat etwas später für die Theorie des Kopernikus ein. Dabei fand er heraus, daß die Umlaufbahn der Planeten nicht kreisförmig sondern elliptisch sein mußte.

Und dann kam ein großer Geist, der ein Jahr nach Galileis Tod geboren wurde, Sir Isaac Newton, Physiker, Mathematiker und Astronom (1643–1727). Er berechnete so gut wie alles, was es zu berechnen gab. Seine bahnbrechenden Erkenntnisse prägen unser Gedankengut bis in die heutige Zeit hinein. Die Mystik des Mittelalters wurde aufgrund seiner Einsichten entmachtet, und ein rein mathematisches Denken beherrscht seither viele Bereiche des Lebens.

Aber es gab einen Verbündeten von ihm, welcher eine Generation vor ihm lebte und der mit seinen Ideen die Voraussetzung für Newtons mathematischmechanisches Weltbild schuf. Auf diesen Vorläufer Newtons müssen wir unser ganzes Augenmerk richten, wenn wir das heutige Chaos begreifen wollen. Denn sein fatales Denkmodell prägt noch immer das Management, die Wirtschaft, die Politik, die Medizin, die Psychiatrie, die Naturwissenschaften ganz allgemein und die Philosophie und ist verantworlich für den desolaten Zustand, in dem sich jetzt der Mensch und sein Planet befindet!

Es ist René Descartes, Mathematiker und Philosoph, der heute nur noch wenigen bekannt sein dürfte. Er lebte von 1596 bis 1650 in Frankreich, Holland und Schweden. Seine Schriften waren damals weit verbreitet und hoch geschätzt.

Descartes sah das Universum als ein mechanisches System, als eine Maschine, aus einer Vielzahl von separaten Teilen zusammengesetzt. Auch die lebenden Organismen betrachtete er, als wären sie konstruierte Maschinen, aus einzelnen Teilen zusammengefügt.

So schrieb er zum Beispiel: »Wir sehen Uhren, künstliche Brunnen, Mühlen und ähnliche Maschinen, die, obwohl von Menschenhand gemacht, doch fähig sind, sich von selbst auf verschiedene Weise zu bewegen. ... Ich sehe keinen Unterschied zwischen Maschinen, die von Handwerkern hergestellt wurden, und den Körpern, die allein die Natur zusammengesetzt hat.«

Und an einer anderen Stelle sagte er: »Für mich ist der menschliche Körper eine Maschine. In Gedanken vergleiche ich einen kranken Menschen und eine schlecht gemachte Uhr mit meiner Idee von einem gesunden Menschen und einer gut gemachten Uhr.«

Descartes trennte auch den Geist vom Körper. So behauptete er: »Der Körper enthält nichts, was dem Geiste zugerechnet werden könnte, und der Geist beinhaltet nichts, was zum Körper gehörig wäre.«

Diese sogenannte kartesianische Weltanschauung hat das gesamte abendländische Denken beeinflußt. Sie hat dem Menschen die Irrlehre eingeimpft, sich selbst als isoliertes Ego anzusehen, das völlig abgetrennt und in keinerlei Zusammenhang mit der ihn umgebenden, aus mechanischen Teilen zusammengesetzten Natur existiert.

Dies diente hinfort als Begründung dafür, daß die Menschen ihre natürliche Umwelt behandelten, als bestehe sie aus Einzelteilen, die von den verschiedenen Interessengruppen ausgebeutet werden dürfe. Die Anschauung vom Leben als einem maschinellen, mechanischen System lieferte eine »wissenschaftliche« Rechtfertigung für die Ausbeutung der Natur, die schlagartig einsetzte, nachdem Descartes verkündet hatte: »Wissenschaftliche Kenntnisse müssen genutzt werden, um uns zu Herren und Besitzern der Natur zu machen!« [14]

Welch verhängnisvolle Lehre! Die katastrophalsten Folgen haben sich aus dieser Ansicht entwickelt, welche sich schlagartig über das gesamte Abendland ausbreitete. Nun begann der Wettlauf um die Bodenschätze unseres Planeten. Alle fühlten sich berechtigt, der Natur zu Leibe zu rücken. Ein gnadenloser Konkurrenzkampf setzte ein, Streit und Kriege folgten. Staaten kämpften gegen Staaten, Interessengruppen gegen Interessengruppen, Mensch gegen Mensch, um schneller als der andere ein größeres Stück des Leibes unserer Mutter Natur plündern zu können. Und alle taten so, als ob dieser Kampf der Sinn des Lebens sei!

Die Diskrepanz zwischen der Unwissenheit des Menschen und der Weisheit des Delphins wird nirgendwo deutlicher als hier.

Der Delphin weiß, daß es ohne die Natur kein Leben gäbe, daß keine Trennung möglich ist zwischen allem, was lebt, und der Natur, weil alles, was lebt, das ist, was wir Natur nennen. Alles hängt mit allem zusammen, sagt Buddha, denn in die große kosmische Vernetzung ist die Gesamtheit aller Dinge eingebunden. Und so bezieht alles, was lebt, die Energie, die es braucht, um zu leben, aus diesem Netz.

Man kann sogar so weit gehen zu sagen, daß die Art und Weise, auf die man erreicht, daß man ein möglichst großes Potential an Energie aus der Natur bezieht, ein Gradmesser für Intelligenz ist. Denn ein erhöhtes Maß an Energie bedeutet Gesundheit, Vitalität, geistige Potenz, Flexibilität, Erfolg.

Deshalb werden wir uns jetzt sehr ausführlich mit den geheimen, außergewöhnlichen Möglichkeiten beschäftigen, wie wir ein erhöhtes Maß an Energie aus unserem Umfeld gewinnen können, in der Art, wie Delphine dies in ihrem Element betreiben.

Nach unserem Wissen hat bisher nur ein Autor auf die Praktizierbarkeit erhöhter Energieaufnahme aus der Natur hingewiesen: James Redfield in seinem Buch Die Prophezeiungen von Celestine. Die Personen in dessen Handlung bemühen sich, die Energiefelder um Pflanzen und Menschen zu sehen, und den Austausch, der zwischen ihnen stattfindet, wahrzunehmen. Einen Satz seiner Schilderung der Energiefelder, welche Pflanzen und Lebewesen umgeben und die sich unter bestimmten Umständen austauschen, sollten Sie sich für unsere späteren Ausführungen merken: »Sobald jemand sexuelle Gedanken entwickelt, wirbelt das Energiefeld der Person in Richtung Objekt seiner Begierde.«

Diese Feststellung erweist sich als wichtig für unser anschließendes Vorhaben, nach Art des Delphins eine erhöhte Energieaufnahme aus der Natur zu beziehen. Denn analog dazu kann angenommen werden, daß es genügt, eine starke Begierde nach dem Geschenk gebündelter Energie zu empfinden und gedanklich auszudrücken, um den Energietransfer von Pflanze zu Mensch in Gang zu setzen. So sagte eine Person in Redfields Handlung: »Ich sah die Pflanze an und stellte mir vor, wie in meinem Inneren ein Energiestrom anschwoll.« [15]

Wo wir allerdings James Redfield nicht folgen können, sind die vielen, meist vergeblichen Bemühungen seiner Personen, die Energiefelder der Pflanzen mit bloßem Auge wahrzunehmen, die er dann in dem Satz zusammenfaßt: »Natürlich müssen noch viel mehr Leute die Energie mit eigenen Augen sehen, bevor ihr Vorhandensein akzeptiert werden kann!«

Es erscheint uns völlig unwichtig, ob man ein Phänomen sieht oder nicht, sobald sich auf andere Art belegen läßt, daß es existiert. Hat Redfield noch nie von der Kirlian-Fotografie gehört, die schon vor dreißig Jahren den unumstößlichen fotographischen und filmischen Beweis für die Existenz dieser Energiefelder erbrachte?

So schreibt zum Beispiel Peter Kelder in seinem Weltbestseller Die fünf Tibeter: »Die Kirlian-Fotografie, die den Körper von einem unsichtbaren elektrischen Feld, der ›Aura‹, umgeben zeigt, untermauert die Annahme, daß wir von einer Form von Energie ›genährt‹ werden, die das ganze Universum durchdringt.« [16]

Als Semyon Davidovich Kirlian (1900–1980) seine Entdeckung auf dem Gebiet der Hochfrequenz-Fotografie machte, lebte er mit seiner Frau Valentina, die Lehrerin und Journalistin war, in Kasnodar, einer Bezirkshauptstadt der Ukraine, in der Nähe des Schwarzen Meeres. In einem Zimmer seines Holzhauses, wo ihm seine Frau bei seinen Experimenten half, hatte er seine komplizierten Apparaturen untergebracht.

Bald kamen Wissenschaftler aus allen Ländern zu dem Paar, um sich mit eigenen Augen von der Existenz der Kirlianfotografie zu überzeugen. Es war unglaublich. Mit Kirlians Apparaten gelang es, das Energiefeld aller belebten und unbelebten Materie zu fotografieren und zu filmen: den elektromagnetischen Energiemantel, der sie alle umgibt und den bis damals niemand zu Gesicht bekommen hatte.

So ist der Körper jeder Pflanze, jeden Tieres, jedes Menschen von diesem, mit bloßem Auge unsichtbaren Energiemantel umgeben. Wenn zum Beispiel ein Armamputierter bei Wetterumsturz den sogenannten Phantomschmerz in seinem fehlenden Arm verspürt, so kommt es daher, daß das elektromagnetische Energiefeld des fehlenden Armes noch jahrelang weiterbesteht und ihn Schmerz empfinden läßt.

Es wurde festgestellt, daß dieses unsichtbare Energiefeld, das unseren sichtbaren Körper umschließt, ein eigenständiges Gebilde darstellt und nicht etwa nur eine Ausstrahlung von uns selbst ist. Kirlian machte ein spektakuläres Panorama von Farben über unserem Hautmantel sichtbar, eine Galaxie von sprühenden, blinkenden, blitzenden Lichtern in Blau, Gold, Grün, Violett. »Es ist unglaublich, faszinierend!« erzählten alle, die es sahen.

Was uns hierbei vor allem interessiert, ist der Austausch von Energie: die Fähigkeit, uns aus den elektromagnetischen Feldern der uns umgebenden Natur ein erhöhtes Quantum an Lebensenergie zu holen, wie es nachgewiesenermaßen der Delphin praktiziert.

N° 1

Die Weisheit Nummer eins,
die wir vom Delphin lernen, lautet:
Erhöhte Lebensenergie aus der Natur beziehen,
damit wir unsere Mission erfüllen können.

Natürlich funktioniert das nicht per Knopfdruck. Es ist eine Technik, die wir uns durch »Learning by doing« aneignen wollen. Wir werden ein wenig experimentieren müssen und Erfahrung sammeln, bis es funktioniert. Immerhin hat bisher noch kein Mensch den Versuch unternommen, die Energieaufnahme des Delphins zu kopieren.

Auf einem Gebiet allerdings könnte das energetische Kraftfeld der Natur schon vom Menschen genutzt worden sein, denn Karatemeister sprechen häufig vom Vorhandensein der Chi-Energie, die angeblich für Aktionen wie das Zerbrechen von Ziegelsteinen mit der bloßen Hand, Liegen auf Nagelbetten, oder Gehen über glühende Kohlen verantwortlich sei.

Unser System ist sicher ein anderes als das der Fakire oder asiatischen Karatemeister, welches uns übrigens nicht bekannt ist. Denn was wir brauchen, damit unsere Delphin-Taktik funktioniert, ist:

a) ein geeigneter Ort energiereicher Natur,

b) ein geeignetes, bewegtes Witterungsgeschehen,

c) ein meditativer, tranceartiger Zustand,

d) eine mentale Einstellung der Aufnahmebereitschaft.

Als erstes stellt sich also die Frage: welche Orte sind besonders energiereich und gleichzeitig für unser Vorhaben zugänglich? Daß es nicht unsere Wohngebiete und Ballungszentren sein können, die sich laufend verdichten und ungeheure Mengen Energie fressen, ist sicher jedem klar. Das heißt, wir müssen raus, auf Entdeckungsreise gehen, unsere weitere Umgebung in Augenschein nehmen. Vielleicht zuerst einmal auf der Landkarte.

Gestade des Meeres, Seen, Flüsse, Wasserfälle, Staudämme, Teiche, Bäche, Wälder, Dickichte, Buschwerk, Binsen- und Schilfröhrichte – ja, sogar

»Ein Bett im Kornfeld« – dies alles sind Orte, die bei bestimmten Gegebenheiten Energie abgeben könnten.

Dabei sollten die uns zur Verfügung stehenden Stellen in einem nicht allzu weiten Umkreis liegen, so daß wir sie in unserer freien Zeit, beispielsweise am Wochenende, per Zug, per Fahrzeug, per Rad – oder wenn uns gar kein Beförderungsmittel zur Verfügung steht – sogar zu Fuß erreichen können. Denn von heute an wollen wir die Tage, die wir beruflich im unbeachteten Giftmilieu der Ballungsräume verbringen müssen, mit möglichst viel Zeit in der Natur kompensieren, damit unser Körper weniger gesundheitliche Schadensfaktoren abzuwehren hat.

Darum wäre es gut, wenn wir danach trachteten, ein Grundstück in ländlicher Natur zu erwerben, zu pachten oder zu mieten, und sei es noch so klein und primitiv. Und zwar eines in einer Ortschaft mit unmittelbarer Nähe zu einer der oben angeführten Energiezapfsäulen. Ein kleines Heim, wo Sie, Ihre Familie und Kinder beispielsweise jedes Wochenende von Freitagnachmittag bis Sonntagabend verbringen können, also pro Jahr 52 mal zweieinhalb Tage, plus Feiertage. Das sind an die 150 Tage Ferien im Jahr! Auch wenn es in kleinen Portionen ist. Sie erlauben Ihnen, das für die jeweils nächste Arbeitswoche nötige Energieplus zu tanken. Damit umgeben Sie sich mit einem Panzer aus Ruhe und Stärke gegen die wachsenden Belastungen unserer Zeit und werden gegen jede Art von Streß immun.

Als nächstes wollen wir uns einmal die beiden Bereiche der Natur – Wasser- und Pflanzenwelt – etwas näher ansehen, welche wir zuvor erwähnten und die einen Energietransfer zum menschlichen Organismus bewerkstelligen können. Dabei haben sowohl die Beobachtungen von James Redfield als auch die Kirlian-Fotografie ergeben, daß Pflanzen, die dicht zusammenstehen und *durch den Wind in Bewegung sind, am leichtesten Energie abgeben können. Es ist die durch den Wind erzeugte Bewegungsenergie, welche das bestehende Energiefeld der Bäume oder Pflanzenfelder auflädt und verstärkt: ... die ideale Situation, in der pflanzliche Energie im Überfluß auftritt und bereits im Fließen begriffen ist.*

Das gleiche gilt für das Element Wasser. Auch hier schaffen Wind und Wellengang ein enormes Potential natürlicher Energie. Erinnern wir uns an das Erlebnis von Horace Dobbs bei seinem Tauchgang mit dem Delphin-Weibchen Jean-Louis vor den bretonischen Felsen.

Das Delphin-Weibchen hat uns auch die wirkungsvollste Methode für einen Energietransfer gezeigt: In einem meditativen, tranceartigen Zustand, inmitten bewegter Elemente, unbeweglich, scheintodähnlich ruhend, die Seele weit geöffnet als innig geliebter Säugling an der Brust von Mutter Natur. Mit geschlossenen Augen glücklich und dankbar die Muttermilch des Kosmos saugend: ... Lebensenergie! ...

Natürlich würden wir uns schwertun, diese spezielle Art Zapfvorgang von Jean-Louis im stark bewegten Meer nachzuahmen. Aber es gibt auch für uns eine Reihe von Möglichkeiten. Ich will Ihnen einige Beispiele nennen:

Beispiel eins: Zwischen Binsen

Zum Anfang eignet sich am besten ein Standort, an dem Wasser und Pflanze gleichzeitig Energie abgeben. Suchen Sie sich ein stehendes Gewässer aus, einen kleinen oder größeren See mit dichtem Schilfbestand an einer Uferstelle. Leihen oder mieten Sie einen Kahn, rudern Sie mitten in das Schilfdickicht hinein und bringen Sie das Boot zum vollkommenen Stillstand.

Das einzige Problem, das es vorher zu lösen gilt, ist, mittels Luftmatratzen oder Kissen die Voraussetzung für Bequemlichkeit in dem Kahn zu schaffen, welche uns einen meditativen, trance-ähnlichen Zustand möglich macht, der für den Transfer hilfreich ist.
Warten Sie einen Zeitpunkt ab, an dem ein Wind weht, welcher die Halme des Schilfs und der Binsen hin- und herwiegt. Entspannen Sie sich vollkommen, und schließen Sie die Augen!
Horchen Sie auf die Geräusche: das leise Rascheln der Halme, das Summen von Insekten, das gelegentliche Plätschern des Wassers an der Kahnwand, den Schrei einer Möwe, die säuselnde Melodie des Windes. Atmen Sie tief und entspannt. Nehmen Sie alle Gerüche wahr: den der Frische des Wassers, den herben Dunstkreis der Pflanzen. Geben Sie sich dem Gefühl hin, mittendrin zu sein, dazuzugehören. Dem Gefühl, daß alles um Sie herum Ihre Brüder und Schwestern sind. Daß die Zeit zu laufen aufgehört hat, daß Sie selbst reine Natur geworden sind und daß deren glückliche Energie durch Ihren Körper fließt.
So werden Sie, ohne es zu merken, vom anfänglichen Vor-sich-Hindösen in jenen tranceartigen Zustand gleiten, in dem Ihr Körper tatsächlich die Energieströme aufnimmt, von denen Sie umgeben sind.
Ob es funktioniert, ist nicht schwer zu kontrollieren. Sie brauchen nur darauf zu achten, wie Sie sich anschließend fühlen, nämlich angenehm, ausgeglichen, positiv, heiter, in gehobener Stimmung! Und Ihr seelisches Wohlbefinden wird nicht bloß eine kleine Weile anhalten, wie nach einem kurzen, erholsamen Schlaf, sondern es verläßt Sie mehrere Tage nicht mehr.

Beispiel zwei: *Auf einem See*

Hier handelt es sich um ein stark vereinfachtes Beispiel. Diese Vorgehensweise ist besonders geeignet, wenn Sie von Familie und Kindern begleitet werden, oder wenn Sie sich aus irgendeinem anderen Grund nicht so intensiv auf den Energietransfer einstimmen können wie in Beispiel eins.

Suchen Sie sich wieder einen See aus. Fahren Sie allein oder mit Familie oder Freunden hinaus, diesmal in einem der Elektroboote, die man am Ufer mieten kann. Halten Sie an irgendeinem Punkt des Sees, der Ihnen sympathisch ist. Vergessen Sie aber bitte nicht, jetzt unbedingt den Motor auszuschalten!

Die Sitzgelegenheiten dieser Boote haben Rückenlehnen und sind fast immer gepolstert. Hier können mehrere Personen eine bequeme Position im Sitzen oder halb im Liegen finden, die ihnen erlaubt, locker in einen meditativen Zustand zu gelangen.

Entspannen Sie sich vollkommen, und schließen Sie die Augen! Horchen Sie auf die Geräusche, nehmen Sie die Gerüche wahr! Geben Sie sich dem Gefühl hin, mittendrin zu sein, dazuzugehören. Dem Gefühl, daß alles um Sie herum, die Vögel über Ihnen, die Tiere des Sees unter Ihnen, Ihre Brüder und Schwestern sind. Daß die Zeit zu laufen aufgehört hat, daß Sie selbst reine Natur geworden sind und daß deren glückliche Energie durch Ihren Körper fließt.

Anschließend werden Sie feststellen, daß auch diese einfache Art, Energie zu tanken, funktioniert. Denn alles in der Natur basiert auf kosmischer Energie. Allerdings ist die Menge an Energie, die Sie auf

diese Weise von der Natur geschenkt bekommen können, hierbei nicht so groß wie in Beispiel eins.
Dabei ist es immer irgendeine Art von Bewegung, welche das starke Energiefeld, von dem Sie in freier Natur umgeben sind, aus seinem statischen Zustand zwingt und den Transfer zu Ihrem schwächeren Energiefeld ermöglicht. Wind, Regen, Hin- und Herschwingen von Ästen und Halmen, Wellen etc. Auch auf Ihrem See bewegt sich immer ein Lüftchen, bringt eine Welle Ihr Boot zum Schaukeln, kommt ein Wind auf.
Ganz abgesehen davon ist es ein wunderschönes Freizeiterlebnis, mit Familie und Kindern ein paar Stunden auf einem See zu verbringen, zu meditieren, um neue Energie zu tanken, und anschließend ein Picknick im Boot zu machen mit Essen und Trinken, das man von zu Hause mitgebracht hat.

Beispiel drei: Am Wasserfall

Am ertragreichsten ist ein Wasserfall. Hier werden enorme Mengen Energie durcheinandergewirbelt. Den Vorgang des Anzapfens kennen Sie ja nun, er ist stets der gleiche. Das einzige Problem besteht fast immer und überall darin, an solchen Orten eine Möglichkeit des Sich-Ausstreckens zum Entspannen und Meditieren zu finden, weil es im Stehen nicht geht. Wir brauchen also einen Liegestuhl oder eine Luftmatratze.

BEISPIEL VIER: *Regen am Strand*

Wenn es in Ihrem Sommerurlaub irgendwo in warmen südlichen Gefilden regnet, sollten Sie sofort in Badekleidung zum Strand eilen, um sich in den Sand zu legen und von auslaufenden Wellen und Regen umspült zu meditieren. Dies ist eine wunderschöne Art, erhöhte Energie zu tanken

BEISPIEL FÜNF: *Bei steifem Wind im Garten schlafen*

Voraussetzung ist hier leider, daß man einen umzäunten, nicht einsehbaren Garten besitzt. Oder den von Freunden benutzen darf. Dann braucht man noch einen bequemen, waagrecht stellbaren Liegestuhl und entsprechende Kleidung oder Decken.

Bei dieser Art des Transfers ist das Erlebnis sehr intensiv, denn die Energiezufuhr ist bei dieser Art verhältnismäßig groß. Nach dem tranceartigen Einstimmen eine ganze Nacht im Umfeld von Wind und Natur zu schlafen und vielleicht zu träumen beschert Ihnen am Morgen ein Gefühl von Freiheit und neuer Tatkraft.

Die Aufnahme selbst kleinster Mengen zusätzlicher Energie wird unser Wohlbefinden verbessern. Natürlich sind wir uns klar darüber, daß manche Leserinnen und Leser solchen einfachen Vorgängen mit einer gewissen Skepsis gegenüberstehen mögen. Daß sie sich nicht vorstellen können, zusätzliche Energie zu tanken, indem sie nichts weiter tun, als sich bei Wind zwischen Binsen in einem Kahn auszustrecken.

Wir wissen jedoch aus Hunderten von Berichten, daß es funktioniert. Deshalb bitten wir Sie inständig: ... Probieren Sie es aus! Und urteilen Sie erst dann.

Daß solche Praktiken Wirkung haben müssen, ist logisch. Baut doch bereits im feindlichen Arbeitsumfeld eine kurze Meditation oder jede andere Art Entspannung neue Kraft auf. Wieviel intensiver muß da der Energiezufluß sein, sobald wir uns in einem meditativen Zustand des Eingebundenseins in das kosmische Energiefeld bewegter Natur befinden!

4. Kapitel

Dem Delphin allein hat die Natur
das gegeben, was die größten
Philosophen suchen:
Freundschaft ohne Nutzen.
Obgleich nicht auf die Hilfe
irgendeines Menschen angewiesen,
ist er ein genialer Freund für alle,
und hat den Menschen geholfen.«
Plutarch (45–125 n. Chr.)

Helfen heißt die Ethik des Delphins;
damit knüpft er sein Band zum
Netz der Schöpfung.

Immer wieder kommen Delphine auf den Menschen zu. Welchen Vorteil haben sie davon, ihm zu helfen, mit ihm zu kommunizieren, ihm ihre Lebensprinzipien zu zeigen? Unwillkürlich drängt sich der Gedanke auf, daß sie versuchen, ihn in das große Netz der Schöpfung zurückzuführen, aus dem er vor langer Zeit ausgebrochen ist.

Manchmal ist der erste Kontakt zwischen Delphin und Mensch spontan und direkt, manchmal zart, beinahe zeremoniell, wie der, den Pascale Noa Berkovitch in ihrem Buch Das Lächeln des Delphins schildert, als sie in den Ufergewässern des Roten Meeres zum ersten Mal das Delphin-Weibchen Oline traf, von dem sie so viel gehört hatte und welches sie unbedingt kennenlernen wollte:

»Und da ist Oline: Ich sehe sie noch nicht, aber ich höre sie. Sie ist irgendwo außerhalb meines Gesichtsfeldes, umkreist mich und erforscht mich mit ihrem Sonar. Ich höre dieses seltsame Geräusch, das dem einer Dechiffriermaschine gleicht. Ein leises Klicken mit wechselnder Frequenz, das den ganzen Meeresraum um mich herum einnimmt. Ich verstehe es als Willkommenszeichen, schwimme langsam, drehe mich um.

Sie erscheint. Majestätisch. Sogleich erkenne ich in aller Deutlichkeit, woran ich bisher noch nicht gedacht hatte: Sie ist wahrhaft die Herrin an diesem Strand und in allen Tiefen der Umgebung. Sie beeindruckt mich. Sie ist gewaltig! ... Sie bewegt sich durch das Meer, als sei die Schwerkraft für sie aufgehoben. Sie gleitet, ohne sich zu bewegen, wie durch eine uns unbekannte, sinnliche Kraft. Dann beschleunigt sie mit einer scharfen, fast brutalen Bewegung und verschwindet in dem unendlichen, nahezu schwarzen Blau.

Wenig später kommt sie zurück und verharrt drei, vier Meter von mir entfernt. Sie scannt mich erneut mit ihrem inneren Radargerät. Es ist ein Echolot, mit dem sie Gegenstände oder Personen wahrnehmen und sich ein Bild machen kann, ohne sie zu sehen: Sie weiß jetzt schon besser als ich, woraus ich bestehe. Sie wartet auf meine Reaktion. Ich bleibe passiv und schwimme langsam, außerdem habe ich die Hände im Rücken gekreuzt, um meinen Respekt zu bekunden: Ich bin bei ihr zu Gast, daß ich ein Mensch bin, gibt mir keinerlei Recht über sie.

Delphine sind besonders empfänglich für Körpersprache. Ich versuche mich entsprechend zu verhalten. Oline kommt trotzdem nicht näher, sie umkreist mich in unterschiedlichen Tiefen. Ich rufe sie unter dem Wasser durch meinen Schnorchel, immer wieder »Oline, Oline...«, wie ein Mantra.

Nun nähert sie sich bei jeder Runde unmerklich. Bald ist sie etwa eineinhalb Meter entfernt, und dort bleibt sie. Da ich mich nicht bewege, kühlt das Wasser dieses Morgens meinen Körper aus. Ich beschließe, zu meinen beduinischen Gastgebern zurückzukehren, in den Schatten der Palmen, die das Vordach der Hütte bilden. Deshalb wende ich mich mit einer deutlichen Bewegung zum Strand. Oline folgt mir. Sie streift mit ihrem geschmeidigen Körper meine rechte Seite. Dann schwimmt sie davon. Ich antworte in Gedanken: ›Salut, meine Freundin!‹« [9]

Bereits in der Antike zeigte sich der Mensch von keinem Lebewesen so fasziniert wie vom Delphin. Dabei fällt auf, daß man noch vor wenigen Jahrzehnten manche altgriechischen Berichte belächelte, weil man sie als symbolische Erzählungen betrachtete, die der Phantasie entsprungen waren und nicht wirklich stattgefunden hatten. So zum Beispiel solche, nach denen Kinder auf Delphinen zu reiten pflegten. Aber seit einiger Zeit weiß man durch Hunderte von Augenzeugenberichten aus der ganzen Welt, daß es manchen Delphinen

Spaß macht, Kinder, die sie besonders ins Herz geschlossen haben, auf sich reiten zu lassen.

So berichtet Horace Dobbs: »Es war später Nachmittag. Das Meer um uns war blaßgrün und ich konnte die Luftblasen aus meinem Sauerstoffgerät blubbern hören. Aus dem Trüben heraus erschien ein grauer Schatten. Er sauste an mir vorbei und verschwand blitzschnell wieder. Ich schaute nach oben. Durch die gekräuselte, silbrige Wasseroberfläche sah die Sonne wie eine tieforangefarbene Scheibe aus. In der Mitte dieser Scheibe lag die Silhouette meines dreizehnjährigen Sohnes Ashley. Er trug einen Taucheranzug aus Schaumgummi und eine Tauchermaske. Er drehte seinen Kopf hin und her, um zu sehen, wo der Delphin als nächstes wieder auftauchen würde. Ich saß auf einem Felsen auf dem Meeresboden und schaute noch immer nach oben, beobachtete Ashley, wie er sich, sieben Meter über mir, langsam an der Oberfläche dahinbewegte. Plötzlich bemerkte ich die Gegenwart von etwas anderem. Ein Schwall von Luftblasen explodierte einige Sekunden später im Wasser neben Ashley. Heraus tauchte der graue torpedoförmige Körper des Delphins. Und dann, mit einem kräftigen Auf- und Abschlag seiner Schwanzflosse, verschwand er wieder, ähnlich einem Windhund, der hinter einem Hasen her ist. Doch nur Momente später rauschte er wieder an mir vorbei, schwang sich zur Wasseroberfläche hoch und hob sich wieder aus dem Wasser in die Luft hinein. Mir war klar, welch ungeheure Kraft dabei frei wurde, als der Delphin über Ashley hinwegsprang, und ich bekam Angst um die Sicherheit meines Sohnes. Was würde passieren, wenn der Delphin sich im Sprung verkalkulierte und auf dem Jungen landete? Ashley könnte verletzt oder sogar getötet werden. Ich schob das große Kameragehäuse vor mir her und beeilte mich, zur Wasseroberfläche zu kommen, um Ashley zu sagen, er solle in unser kleines Schlauchboot klettern. Als ich durch die Oberfläche stieß, bot sich mir ein Bild, das in meinem Gedächtnis haften blieb, als sei es in Stein gemeißelt. Ich sah, wie Ashley sich langsam mit den Beinen aus dem Wasser hob, und daß er rittlings auf dem Kopf des Delphins saß. Zunächst schaute der Junge etwas ängstlich und ungläubig. Dann wechselte der Gesichtsausdruck in ein Grinsen über, und er hob die Arme hoch wie ein Fußballspieler, der gerade ein Tor geschossen hatte. Währenddessen entfernte er sich von mir. Ashley befand sich in vollkommener Balance auf dem Kopf des Delphins. Nachdem der Delphin mit Ashley, der wie ein Jockey auf ihm ritt, im Hafen gekreist war, kam er zurück an meine Seite, tauchte dann plötzlich weg und ließ den Jungen, an der Oberfläche schwebend, zurück. Der Anblick meines eigenen Sohnes, wie er auf einem wilden Delphin im Meer reitet, ist eine meiner unvergeßlichen Erinnerungen. Daraus entstand eine Harmonie zwischen diesem Delphin, mit dem sich eine enge Freundschaft entwickelte, und meinem Sohn, den ich sehr liebe.« [5]

Überhaupt fällt die rätselhaft enge Beziehung zwischen Delphinen und Kindern sowie deren spontane Verständigung auf. So weisen die Autoren Ralph Breier und Jörg Reiter in ihrem Werk »Delphin-Geschichten« auf einen interessanten Schiffsausflug mit Kindern hin:

»Es ist der 23. Juni 1992. Die Gewitterfont ist weitergezogen. In Palm Beach, Florida, scheint die Sonne. Gerry, der Besitzer und Kapitän der Sea Guard, einem Zweimaster, läßt die Segel setzen und verläßt den Hafen auf südlichem Kurs. Heute hat Gerry Kinder an Bord, vier Jungen und vier Mädchen, im Alter zwischen sieben und sechzehn Jahren. Deutsche, amerikanische und japanische Kinder, die in der kleinen Bahama-Bank im Nordosten der Inselgruppe mit wilden Delphinen schwimmen werden.

Dean Rollings, ein Wissenschaftler, der die Gruppe begleitet, läßt zwei voluminöse Unterwasserlautsprecher die Bordwand herunter und spielt ein Tonband mit den Lauten großer Tümmler ab. Er hofft, daß die Klicks und Pfiffe Delphine anlocken. Und es scheint zu klappen: ... Am Nachmittag erscheinen sechs Delphine beim Schiff, darunter zwei Mütter mit ihren Delphin-Kindern.

Sofort stürzen sich die Jungen und Mädchen, ein Kind nach dem anderen, mit Flossen, Schnorcheln und Tauchermasken ins Wasser. Die Tiere scheinen keine fünf Meter vom Schiff entfernt auf sie zu warten. Fast eine Stunde tollen Delphine, Delphin-Kinder und Jungen und Mädchen zusammen im klaren Wasser herum, umschwimmen einander, tauchen gemeinsam hinunter und kommen gemeinsam wieder an die Oberfläche, um zu atmen. Sie schwimmen nebeneinander her, und die Delphine passen sich an das Tempo der Kinder an. Einige Tiere lassen sich anfassen und minutenlang streicheln. Die Kinder sind begeistert. Angst haben sie keine.

Überglücklich klettern die Kinder schließlich wieder an Bord. Die Delphine sind davongeschwommen, aber die Jungen und Mädchen zweifeln nicht daran, sie morgen wiederzusehen. Aufgeregt erzählen sie von ihrem Erlebnis.

›Ich bin schon einmal mit Delphinen geschwommen, aber mit dressierten‹, erzählt der elfjährige Travis aus Chicago. ›Mit wilden Delphinen wollte ich schon lange schwimmen. Es war ganz neu für mich. Am Anfang habe ich sogar das Atmen vergessen. Mit einem bin ich besonders viel zusammengewesen. Er ist bei mir geblieben, und wir haben herumgetobt. Es ist schwer zu beschreiben, welches Gefühl es war. Es war ein gutes Gefühl. Und ein seltsames. Ganz anders. Er ist näher herangekommen, wenn ich ihm in die Augen geschaut habe. Wenn man hinabtaucht, kommen sie noch näher heran. Dann kann man sie berühren.‹

Stephan kommt aus der Nähe von Königswinter. Der Elfjährige ist normalerweise eher schüchtern, doch jetzt geht die Begeisterung mit ihm durch. Zwei Minuten haben ›sein‹ Delphin und er sich in die Augen geschaut, und so lange hat er ihn auch streicheln können.

›Man muß sich konzentrieren, daß sie zu einem kommen. Man muß ihnen sehr tief in die Augen sehen. Man darf nicht wegschauen. Der Delphin bleibt dann bei dir und wartet auf dich. Ich habe ihn gestreichelt und es hat ihm gefallen. Mir ist erst viel später bewußt geworden, daß es wilde Delphine sind. Ich habe das Gefühl, daß wir uns verstanden haben. Er hat auf mich gewartet, wenn ich langsamer geschwommen bin.‹

›Es ist schwer zu sagen, welches Gefühl es war‹, sagt die vierzehnjährige Fay, die in Mexico City zu Hause ist. ›Ich kann es nicht beschreiben. Der Kontakt ist viel enger, als mit Menschen. Es ist eine Verbindung über das Fühlen – ohne Sprache. Beide empfinden das gleiche. Selbst wenn man sich nicht berührt. Ich habe gespürt, daß sie mir gegenüber ganz offen sind, und ich habe mich selbst auch geöffnet. Hinter ihren Augen habe ich eine Persönlichkeit gefühlt, ganz deutlich. Obwohl es aufregend ist, war ich ganz ruhig, als ich aus dem Wasser kam. Man ist traurig, man ist glücklich. Alles auf einmal.‹

Alle Kinder sind davon beeindruckt, daß die Delphine freiwillig zu ihnen gekommen sind und mit ihnen gespielt haben. Nachdem sie fast eine Woche lang mit den Delphinen der Kleinen Bahama-Bank geschwommen sind, ist der siebenjährige Ian immer noch genauso fassungslos wie zu Beginn: ›Da war ein Delphin, der ist jeden Tag zu mir gekommen. Er mußte jeden Tag einen weiten Weg schwimmen, um mich zu besuchen. Es war ihm die Mühe wert.‹« [17]

Jörg Breier und Stefan Reiter beschreiben noch eine andere, weit entfernte Gegend, in der sich Kinder mit wilden Delphinen zu treffen pflegen, und zwar in Sorrento, Australien, einem kleinen Ort am Ausgang der Port Philipp Bay – einer weiten Bucht, die Melbourne vom offenen Meer trennt. Dort lebt eine Hebamme namens Cooky Harkin, die das Dolphin Baby Swim Project ins Leben gerufen hat und oft mit Eltern und deren Säuglingen zu den wilden Delphinen der Bucht hinausfährt. Misses Harkin zeigte eine interessante, bisher noch wenig bekannte Verhaltensweise von Delphinen auf, die sich mit schwangeren Frauen trafen, als sie sagte:

»Wir wollen, daß die Säuglinge das gute Verhältnis, das sie zum Wasser haben, auf die offene See und auf die Delphine übertragen. Es ist eine beglükkende Erfahrung, die Bescheidenheit lehrt, wenn freilebende Delphine aus eigenem Antrieb zu uns kommen und mit uns spielen, ohne daß wir sie füttern oder zusammentreiben. Sie scheinen besonders von schwangeren Frauen fasziniert zu sein. Sie schwimmen auf dem Rücken unter ihnen her und zeigen ihre eigenen Bäuche.« [17]

Auch Amanda Cochrane und Karena Callen erwähnen dieses Phänomen: »Schwangere Frauen üben eine besondere Faszination auf Delphine aus. So bizarr das auch klingen mag – viele Frauen, die während ihrer Schwangerschaft mit Delphinen geschwommen sind, berichten, daß die Tiere ihr ungeborenes Kind wahrzunehmen und ihm besondere Aufmerksamkeit zukommen zu lassen scheinen.«[8]

Der Wissenschaftler Dr. Igor Smirnow hat Versuche angestellt, bei denen Delphine bei menschlichen Geburten anwesend waren. Er berichtet von einem besonders interessanten Fall, in dem eine Frau ihr Kind im Schwarzen Meer und in Anwesenheit von Delphinen zur Welt brachte. Als ihre Wehen zunahmen, schlossen die Delphine einen schützenden Kreis um sie. Smirnow sagte: »Es wirkte wie Zauberei. Alle Ängste und Sorgen schienen von der Mutter abzufallen, und es wurde eine entspannte und ruhige Geburt.«

Ob es nun das ungeborene Wesen, der Säugling, oder das heranwachsende Kind ist, Delphine haben ein besonderes Verhältnis zu ihnen. Selbst bei gefangenen Therapie-Delphinen, wie bei Spunky und Duke von Delphin Human Therapy in Key Largo, Florida, fällt die starke Bindung zu Kindern auf.

Kirsten Kuhnert erzählt in Jeden Tag ein kleines Wunder von ihrer Tochter Kira: »Meine Tochter schwamm bereits im zarten Alter von drei Jahren allein mit Spunky und Duke, in einem Urvertrauen zu diesen riesigen Spielgefährten. Oft hat Spunky sie einfach mitgenommen hinaus in ihr Reich und wollte sie fast nicht mehr zu uns zurückbringen. Die Delphine haben Kira als ein Delphin-Kind adoptiert. Und das ist sie mit Leib und Seele.« [6]

Horace Dobbs hatte unter anderem auch eine enge Beziehung zu einem sehr jungen Delphin namens Simo, der sich oft wie ein junges Füllen benahm. Leute aus vielen Ländern zog es nach Wales, weil sie Simo sehen wollten; darunter auch Carola Hepp, die in Deutschland lebte und Übersetzerin von Dobbs Büchern war. Sie verbrachte eine wunderbare Zeit mit Simo und konnte ihn sogar zärtlich umarmen. Als sie das Wasser nach dem letzten Schwimmen mit Simo verließ, um ins Boot zu steigen, folgte ihr der junge Delphin zur Leiter. Im Hinaufsteigen beugte sich Carola hinunter und küßte den schimmernden Kopf des schönen, lieben Delphins. »Es gibt nicht viele Menschen, die sagen können: Ich habe heute einen wilden Delphin geküßt«, sagte sie zu Dobbs, der im Boot stand. [19]

An einer anderen Stelle beschreibt Dobbs, der den größten Teil seines Lebens mit Delphinen verbrachte, eine weitere Eigenart des Delphins: Nämlich die Fähigkeit, spontan und blitzartig, bereits in der ersten Tausendstelsekunde einer Begegnung, sogar auf Distanz, Sympathie oder Antipathie festzustellen.

So erzählt er: »Ich hatte schon bemerkt, daß Percy (ein mit Dobbs befreundeter wilder Delphin vor den Küsten Cornwalls) eine Vorliebe für bestimmte Menschen hatte, die sich bei ihm im Wasser befanden. Manche Schwimmer ignorierte er dagegen völlig, mit welchen Mitteln sie auch versuchten, seine Aufmerksamkeit und Gesellschaft zu gewinnen. Ich hatte jedoch noch niemals gesehen, daß er sich jemandem auf solch stürmische Weise näherte, wie er es bei Tricia Dickman tat.

Tricia Dirkman war neben einem Steuermann an diesem Tag der einzige Passagier an Bord. Sie hatte sich eine Überlebensweste zugelegt und versuchte, genug Mut zu fassen, um zu Percy ins Wasser zu gehen, obwohl sie nicht schwimmen konnte. Nachdem sie beobachtet hatte, was vor wenigen Minuten der Frau passiert war, die eine hervorragende Schwimmerin war, wurde die Überwindung um so größer. Ich versicherte ihr, daß nichts passieren würde, wenn sie sich ruhig und bedächtig verhielt.

Sie legte Flossen, Tauchermaske und Schnorchel an und stieg vorsichtig ins Wasser. Percy schwamm zu ihr und hielt den Kopf nach unten. Tricia griff seine Flossen wie zwei ausgestreckte Arme, und der Delphin zog sie ganz langsam durch das Wasser. Ich legte schnell einen neuen Film in meine Unterwasserkamera. Als ich mich bei den beiden im Meer befand, war Tricia schon einige Meter vom Boot entfernt. Die junge Frau glitt mit dem Delphin behutsam durch das Wasser, während ihre Hände leicht auf seinem Kopf ruhten. Percy schwamm sehr langsam. Der rote Anzug Tricias schimmerte an der Oberfläche und hob sich von dem langen, fließenden Schopf ihres brau-

nen Haares ab. Das Bild strahlte Frieden, Schönheit und Harmonie aus. Es war einer jener zentralen Augenblicke im Leben, die nur kurz währen, aber unvergeßlich bleiben. Eine Frau, die nicht schwimmen konnte, wurde von einem wilden Delphin sanft über den tiefen Ozean gezogen.« [6]

Daß Delphine kranken Menschen, dabei hauptsächlich Kindern, helfen, ist inzwischen längst bekannt. So gibt es eine ganze Anzahl von Delphin-Therapiezentren, viele davon in Florida, zu denen man autistische oder anders behinderte Kinder aus der ganzen Welt schickt, damit sie Besserung oder Heilung erlangen.

Leider müssen die Delphine dort in Gefangenschaft leben, und sie werden speziell für diese Therapien dressiert. Das läßt einerseits die Frage aufkommen, ob der Mensch berechtigt ist, diesen Wesen die Freiheit eines Lebens in den Weiten des Meeres zu nehmen, aus welchen Gründen auch immer. Andererseits erweisen sich die Heilerfolge, welche die Delphine bei diesen Kindern erzielen, als so frappant, daß man irgendwie verstehen kann, wenn Eltern diesen Aspekt wissentlich totzuschweigen oder zu verniedlichen pflegen. Allerdings: Gerade weil man annehmen darf, daß Delphine diesen Dienst nicht nur in Gefangenschaft, sondern auch aus freiem Willen im offenen Meer leisten würden, sollten Betreiber solcher Projekte ihr Augenmerk nicht nur auf die Patienten sondern auch auf Möglichkeiten zur Verbesserung der Lebensqualität ihrer gefangenen Delphine richten.

Marc Carwardine schreibt in seinem Buch »Delphine«, daß es zahlreiche Fälle gibt, in denen durch Delphine chronische Depressionen oder Angstzustände gemildert wurden, eine Krebstherapie ergänzt und sogar die Lernfähigkeit von geistig behinderten Kindern erhöht wurde. So haben Untersuchungen ergeben, daß behinderte Kinder durch Delphine fünfmal schneller als mit anderen Lehrmethoden lernen und die Informationen länger behalten. Die Delphin-Therapie hat in den USA inzwischen so viele Anhänger gewonnen, daß es schon einige Ärzte gibt, die behinderte Kinder an Delphin-Therapiezentren überweisen, und mehrere Krankenversicherungsgesellschaften sogar die Kosten übernehmen.

Viele Menschen, die unter Ängsten und Depressionen litten, profitierten schon von dem Erlebnis, mit Delphinen zu schwimmen. So erzählt Horace Dobbs die Geschichte eines Mannes namens Bill Bowell, der wegen chronischer Depression behandelt wurde und über zwölf Jahre lang arbeitsunfähig war. Trotz der Hilfe von Spezialisten, Psychopharmaka, Therapien und psychiatrischer Behandlungen besserte sich nichts. Nach seinen eigenen Worten lebte er »in einem schwarzen Loch der Verzweiflung«. Dobbs brachte den Mann zu dem kleinen Fischerdorf Solva in Wales, wo er mit dem menschenfreundlichen Tümmler Simo schwimmen sollte. Sofort wurden die beiden unzertrennlich. Der Mann brach sein jahrelanges Schweigen und sprach zu Simo wie zu einem alten Freund. Nach einer Weile kletterte er zurück ins Boot, und seine Frau erkannte den Mann wieder, den sie einst gekannt und geliebt hatte, und sie brach vor Freude in Tränen aus.

»Es gibt kaum Zweifel, daß ein Delphin einen starken Einfluß auf menschliche Gefühle ausübt«, schreibt Marc Carwardine. »Nur wenige bleiben bei einem Zusammentreffen unbewegt, besonders wenn sie den Tieren im Wasser begegnen. Es ist ein Erlebnis, das jeden auf seine Weise berührt. Manche berichten von euphorischen Gefühlen oder Hochstimmungen, andere brechen überwältigt in Tränen aus. Egal wie, es löst eine extreme Reaktion aus.«

Obwohl eine Begegnung mit Delphinen bei bestimmten Personen auch eine größere Gelassenheit hervorrufen kann, sind normalerweise äußerst emotionale Reaktionen zu beobachten. Dabei kommt es neben der intensiven Freude, die viele Menschen nach einem engen Kontakt mit Delphinen empfinden, auch immer wieder zu Tränenausbrüchen, manchmal sogar schon dann, wenn nur Videobänder von Delphinen angeschaut oder Tonbänder mit Delphin-Geräuschen abgehört werden. Anscheinend können Delphine Emotionen freisetzen, die tief in uns verborgen sind. [8]

Sehr interessant finden wir Marc Carwardines Feststellung, in der er sich unseren Erkenntnissen über die Energiefelder und das Energiepotential des Delphins nähert, als er sagt: »Eine andere Vorstellung betrifft die Energiefelder, die den Körper umgeben sollen. Sehr glückliche, in sich ruhende Menschen sind umgeben von einer besonderen Aura, die ein positives Gefühl bei anderen Menschen auslösen soll. Vielleicht haben Delphine eine ähnliche, noch kraftvollere Aura.« [7]

Zweifellos befindet sich Carwardine hier bereits auf der richtigen Spur, auch wenn er das grandiose Ausmaß und die enormen biologischen Auswirkungen beim Umgang mit dem Energiepotential der Delphine noch nicht entdeckt zu haben scheint.

Delphine sind besser als jeder Arzt in der Lage, im Bruchteil einer Sekunde das Energiefeld des Menschen, der ihm im Wasser begegnet, »zu roentgen«. Nachdem Krankheit immer mit einem entkräfteten, defekten Körperenergiefeld verbunden ist – also mit Energie, die schwach und träge geworden ist, sich nicht mehr im Fluß befindet – weiß der Delphin augenblicklich aus einer Gruppe von Menschen den herauszufinden, der krank ist und seine Hilfe benötigt. So hat es immer wieder verblüfft, wenn Delphine sofort genau auf diesen einen unter vielen zugeschwommen sind, um ihm ihre Gesellschaft anzubieten.

Und nun kommt etwas ins Spiel, was man das größte kosmische Geschenk nennen könnte. Jene barmherzige Gabe, welche die Delphine als einzige Lebewesen dem Menschen zu bescheren in der Lage und bereit sind: ... nämlich die freiwillige Abgabe, die Transfusion von Energie aus dem Bestand ihres geballten Vorrats. Durch diese Segnung werden wir mit den höchsten Gütern des Lebens beglückt: mit Heilung, Genesung, neuer Hoffnung, mit Harmonie und gesteigertem Lebensgefühl, mit wiedererlangter Fähigkeit zu kindlicher Freude und Heiterkeit. In anderen Worten: Die Delphine schenken uns den geheimen Code ihres Reiches, der auch den Menschen befähigen könnte, in quasi spielerischer Art das Leben zu meistern!

Somit ist nicht schwer zu verstehen, warum gerade bei autistischen Kindern Delphin-Therapien so gut ansprechen. Diese Kinder haben seit ihrer Geburt oder durch einen Unfall ein total gestörtes Energiefeld, das von Delphinen sofort wahrgenommen wird. Ebenso wissen sie, wenn im Fall eines autistischen Kindes aus irgendeinem uns unbekannten Grund die Energietransfusion nur ganz vorsichtig, sozusagen tropfenweise, vorgenommen werden darf. Im ständigen Spiel eines Delphins mit dem Patienten erhöht sich trotzdem und fast unbemerkt nach und nach das Energieniveau des Kindes. Das kann sich eines Tages in leisen Ansätzen von Emotionen ausdrücken, die vorher noch nie zu sehen gewesen waren. Wie zum Beispiel der Anflug eines Lächelns oder ein kaum spürbarer Hauch von Freude oder eine Geste, bei einem Spiel mitzumachen.

So schildert zum Beispiel Kirsten Kuhnert in ihrem wunderschönen Buch Jeden Tag ein kleines Wunder die Fortschritte des kleinen Lukas, dem autistischen Kind einer Freundin:

»Lukas hatte immer noch kein Sprachverständnis, er zeigte kaum Gesichts-

mimik, er sprach nicht, sein Gesundheitszustand war völlig unbeständig, und er konnte keine Aufforderung seiner Eltern umsetzen. Lukas suchte keinen Kontakt zu unserer Welt und wollte ihn umgekehrt auch nicht zulassen. Und dann begegnete er den Delphinen ...

Wer den kleinen Jungen heute sieht, wird kaum glauben, daß es sich um das gleiche Kind handelt. Lukas ist ein Star. Er gibt die nassesten Küsse, grinst schelmisch, wenn er mich begrüßt, und fällt mir mit seinem Blick fast in die Augen. Der Junge, der uns noch vor kurzer Zeit völlig verständnislos begegnete, ist ein Teil unserer Mitte geworden.

Nachdem die Delphine das Tor zu seiner Welt ein kleines Stück aufgestoßen hatten, entdeckte Lukas seine Liebe zu meiner Tochter Kira. Für einen Autisten eine Sensation. Wann immer Kira es wollte, ließ er sich strahlend von ihr bei der Hand nehmen, tanzte mit ihr im Kreis und wollte mehr, immer mehr. Berührung, Ansprache, Zärtlichkeit – und fröhlich an unserer Runde teilnehmen.

Der Kleine, der nicht imstande gewesen war, mehr als drei Schritte auf seinen staksigen Beinchen zu laufen, schaukelt heute wie wild, und das sogar im Stehen. Er lacht sich mittlerweile tot, wenn ich ihm sage, was er für ein frecher Racker ist.« [6]

Oder ein anderes Beispiel, das Gaby Haag-Porzel erzählt, die Mutter der neunjährigen Katharina: »Es gibt Momente und Situationen, die man nie mehr im Leben vergißt. Dazu gehören viele Dinge, die ich in Florida während der ersten Therapie erlebt habe. Dieses überwältigende Gefühl, als Katharina nach Jahren der Planung und Arbeit wirklich das erste Mal mit den Delphinen geschwommen ist. Der Tag, an dem meine Tochter das erste Mal Worte sagte, die sie vorher noch nie ausgesprochen hatte, und als sie vielleicht das erste

Mal in ihrem Leben richtig wach war; die amerikanische Reporterin, die mich eigentlich interviewen sollte und statt dessen mit mir heulend auf der Treppe saß.« [6]

Die Tatsache, daß wildlebende Delphine schon oft in selbstloser Weise Menschen vor dem Tode gerettet haben, kannten schon die Sumerer, die Phönizier und besonders die Griechen. Es kann kein Zweifel bestehen, daß die Völker der Antike den Delphin aus diesem Grund als Halbgott verehrten. Und daß er deshalb als Sinnbild der höchsten, edelsten Gesinnung auf Tonkrügen und Münzen abgebildet war, wie zum Beispiel 500 v. Chr. auf der Zwei-Drachmen-Silbermünze von Messina. Oder 420 v. Chr. auf der Drei-Drachmen-Silbermünze von Syrakus.

In der Antike wurde jeder, der einen Delphin tötete, mit dem Tode bestraft. Es gab keinen vornehmen Römer, in dessen Bad nicht Delphine das Motiv der Wandmalereien gewesen wären. Und in Griechenland war das Königinnengemach des Palastes von Knossos rundherum mit Mosaiken von Delphinen geschmückt. Und fast immer bezogen die Dichter die selbstlose Hilfsbereitschaft der Delphine in ihre Themen ein.

Auch in der Jetztzeit sind zahllose Fälle bekannt, in denen Delphine Menschen das Leben gerettet haben. Bezeichnend ist zum Beispiel der Fall eines eingeborenen Fischers der australischen Gewässer, der nach Schiffbruch im Sturm, auf einer schmalen Planke liegend, viele Tage vergeblich auf Hilfe gewartet hatte. Von Hunger geschwächt und durch die Hitze des Tages und die Kälte der Nacht bereits im Fieberwahn, gelang es ihm nicht mehr, wach zu bleiben. Und dies, obwohl er wußte, daß er von der Planke gleiten würde, sobald er einschlief. Da kam zufällig eine Gruppe von Delphinen vorbei, die sofort die Lage dieses armen Menschen begriff. Sie umringten ihn, und immer, wenn er einzuschlafen drohte, schubsten sie ihn an oder bespritzten ihn mit Wasser. Die Delphine blieben viele Tage und Nächte bei ihm, bis zu dem Morgen, an dem er von Fischern geborgen wurde. In dem Augenblick, wo die Delphine die Retter herannahen sahen, tauchten sie weg und waren verschwunden.

Dieses selbstlose Verhalten, ohne einen Gedanken an Vorteil oder Belohnung, ist ein typisches Merkmal des Delphin-Wesens. Hierzu noch ein Fall, den auch Virginia McKenna in ihrem herrlichen Buch mit den phantastischen Delphin-Bildern Into the Blue[18] erwähnt, und von dem es zahlreiche authentische Berichte gibt. Es geht um jenen Delphin, der Ende des neunzehnten Jahrhunderts in den Gewässern von Neuseeland lebte und dem die Leute den Namen Pelorus Jack gegeben hatten. 24 Jahre lang führte er Schiffe durch eine besonders schwierige Passage zwischen Felsen und gefährlichen Strömungen zum sicheren Hafen. Dabei wurde Pelorus Jacks gutherziger Einsatz gleich zu Beginn beinahe zu einem abrupten Ende gebracht: Ein betrunkener Passagier der Penguin schoß auf Pelorus Jack und verwundete ihn schwer. Der Delphin, aus dessen Körper das Blut spritzte, verschwand sofort aus dem Gesichtskreis. Die aufgebrachte Mannschaft war nahe daran, den verrückten Schützen zu lynchen, und das Schiff Penguin mußte den gefährlichen Weg ohne seinen selbstlosen Lotsen zurücklegen. Viele Wochen lang sah niemand den wunderbaren Helfer mehr. Dann, eines Tages, kehrte er zurück und nahm seine hilfreiche Tätigkeit wieder auf. Erneut geleitete er die Schiffe sicher durch diese gefahrvollen Stellen zwischen Felsen und Strömungen. Das einzige Schiff, dem Pelorus Jack nie mehr half, war die Penguin.

Der Münchner Pressekorrespondent Sádila-Mantau schrieb dem Delphin-Forscher Theodor Dolezol in einem Brief: »Eines Tages, als ich im Urlaub in

Crkvenica, Jugoslawien, am Strand lag, war es sehr heiß. Eine Menge Badegäste, vor allem viele Kinder, schwammen gegen das Verbot weit über die Markierung hinaus, im schon sehr tiefen Wasser. Da kamen drei Delphine. Sie schienen sehr aufgeregt zu sein und sprangen immer wieder gegen die am weitesten draußen befindlichen Badegäste an, drängten sie förmlich zurück. Lachend und schreiend gingen die Schwimmer darauf ein, bis sie nur noch bis zum Bauch im Wasser standen. Und dann plötzlich ein Schrei: ›Haie! ... Haie!‹ Es kamen auch Motorboote, die mit Sprachrohren auf serbisch, kroatisch, slowenisch, deutsch und tschechisch bekanntgaben, daß sich zwei Haie bis in unmittelbare Nähe herangemacht hatten.«

So gab es im Laufe der Jahrhunderte Tausende sicher verbürgter Fälle, in denen Delphine Menschen vor dem sicheren Tode gerettet haben. Das geht selbst aus so nüchternen Berichten wie denen der amerikanischen Heeres- und Marinestatistik hervor, wo man nachlesen kann, daß manchen abgeschossenen Fliegern im Pazifik von Delphinen geholfen wurde. Wie es beispielsweise den sechs Fliegern geschah, die in einem Schlauchboot im Pazifik trieben und deren Boot von einem Delphin in vierzehn Stunden zu einer kleinen Insel geschoben wurde.

1949 badete die Frau eines Rechtsanwalts an einem Strand von Florida. Die Strömung riß sie um, sie verlor den Boden unter den Füßen und ein starker Sog zog sie ins offene Meer hinaus. Da kam ein riesiger Delphin aus dem Nichts herbeigeschossen und schob die Ertrinkende mit seinem Schnabel ans Ufer.

Im Februar 1940 fiel nachts eine fünfzigjährige Frau von Bord eines Schiffes, das den Bahama-Kanal befuhr. Das Schiff verschwand in der Ferne und sie schwamm in der Dunkelheit um ihr Leben, ohne zu wissen, in welche

Richtung sie sich wenden sollte. Da tauchte ein Delphin auf, zeigte ihr durch Anstoßen den richtigen Weg und begleitete sie, bis sie am Ufer war. [20]

Auf einem Fährschiff waren Pilger aus Hadji von Port Sudan nach Mekka unterwegs, als ihr Boot einen halben Kilometer von der Küste vor Port Sudan entfernt kenterte. Das geschah an einer Stelle, wo das Meer tausend Meter tief war. Es dämmerte und alles ging sehr schnell. Die Leute schrien, und einige von ihnen waren schon am Ertrinken, als sie merkten, daß sie plötzlich zu den Felsen geschoben wurden. Was war geschehen? Ein Rudel von dreißig oder mehr Delphinen war herbeigeeilt, um den schiffbrüchigen Pilgern zu Hilfe zu kommen!

Es müßte uns eigentlich nachdenklich stimmen, daß – obwohl es viele gute Menschen gibt – die Menschheit als ganzes in manchen Bereichen roh geblieben und noch weit von der hohen ethischen Gesinnung des Delphins entfernt ist, wie Kriege, Terrorismus, Gewaltverbrechen und Tierquälerei nur allzu deutlich zeigen.

5. Kapitel

Freundschaft ist eine
Seele in zwei Körpern.
Aristoteles (384–322 v. Chr.)

Wie der Mensch durch Helfen und Freundschaft ins Netz der Schöpfung zurückkehrt

Es gibt eine eigenartige Mechanik im Getriebe des Lebens. Sobald wir unser Tun auf selbstlose Hilfsbereitschaft umschalten, welche wir ohne einen Gedanken an einen Vorteil ausüben, der uns daraus erwachsen könnte, kommen wir in ein neues Fahrwasser der Existenz, wo unser Handeln nicht nur anderen nützt, sondern auch uns selbst. Und sei es erst viel später, ohne irgendeinen sichtbaren Zusammenhang.

Im Grunde ist es das, was der Dalai Lama Interdependenz des Daseins nennt: die vernetzte Abhängigkeit aller Formen des Lebens untereinander – Vögel, Pflanzen, Insekten, eben alle Arten der Fauna und Flora, und nicht zuletzt auch die des Menschen zu ihnen und die der Menschen unter sich.

So sagte der Dalai Lama während eines französischen Fernsehinterviews: »Je mehr ich meine Interessen mit denen der anderen Wesenheiten verbinde, desto besser praktiziere ich das Prinzip der Interdependenz. Damit wird das, was den anderen nützt, auch mein Nutzen.«

Die ›brandneue‹ Einsicht der modernen, abendländischen Philosophie – vor mehreren Jahrtausenden Tao genannt und seit ferner Vergangenheit fester Bestandteil des Buddhismus – ist bei uns nicht intuitiv entstanden wie einst in Asien, sondern wieder einmal aus neuen Erkenntnissen der Physik. Wobei diese Erkenntnisse hier erst mit einer Verzögerung von einem Jahrhundert Fuß fassen konnten.

Leider haben beide – sowohl die moderne Sicht der Physik als auch die daraus resultierende Philosophie – noch nicht unseren Alltag erreicht. Ja, kaum jemand hat das neue Gedankengut überhaupt wahrgenommen. Die Namen Einstein, Heisenberg, Max Planck und der Begriff Quantenphysik sind zwar jetzt in vieler Munde. Aber um was es sich da wirklich handelt, haben bis jetzt nur die wenigsten erfaßt. Denn es geht dabei um neue, überraschende Vorgänge im subatomaren Bereich, die zu Beginn des zwanzigsten Jahrhunderts von einer Handvoll genialer Wissenschaftler entdeckt und ausformuliert wurden. Folgen wir ihnen, tut sich vor uns ein total verändertes, unbegreifliches Weltbild auf, das uns in atemlosem Staunen noch nie gekannte kosmische Zusammenhänge erahnen läßt, welche sich anschicken, als Stern der Hoffnung ins Bewußtsein der Menschheit zu dringen.

Doch die neuen Entdeckungen lösten bei den Wissenschaftlern zuerst einmal blankes Entsetzen aus, denn eigenartigerweise ließ sich nichts von dem, was sich innerhalb eines Atoms abspielt, auf eine Formel bringen.

Fritjof Capra hat den Inhalt eines Atoms in seinem großartigen Werk Das Tao der Physik am eindringlichsten beschrieben: »Was fand man? ... So gut wie nichts! Oder vielmehr etwas ganz anderes, Unbegreifliches! ... Einen weiten, leeren Raum, in dem irgendwo wellenähnliche Wahrscheinlichkeitsstrukturen erkennbar waren, die sich plötzlich, ohne erkennbaren Anlaß, in extrem kleine Teilchen verwandelten, welche mit rasender Geschwindigkeit herumwirbelten. Manche kamen der Lichtgeschwindigkeit nahe. Und um das Maß der Überraschungen voll zu machen, bestanden diese Teilchen nicht einmal aus einem besonderen »Stoff«, sondern zeigten sich mehr als eine Art Bündel aus Energie. Das heißt, man konnte ein atomares Geschehen niemals mit Gewißheit voraussagen. Das Chaos des Zufalls regierte plötzlich die Physik! Nichts war mehr berechenbar!«

»Kann die Natur wirklich so absurd sein, wie es uns in unseren atomaren Experimenten erscheint?« rief Heisenberg bestürzt aus.

Und Einstein war so geschockt, daß er an seine Freunde schrieb: »Wenn ich nochmals ein junger Mann wäre, würde ich einen Beruf wählen, der nichts zu *tun hat mit dem Streben nach Erkenntnis. Ich würde es vorziehen, ein Spengler oder Hausierer zu sein.«*

Langsam begannen aber einige, das Grandiose, das Kosmische dieser unberechenbaren Vorgänge zu erahnen. Nämlich, daß nichts, wie man bisher geglaubt hatte, aus Bausteinen zusammengesetzt ist und sich vom Kleinen zum Großen aufbaut!

So stellte Geoffrey Chew in den sechziger Jahren den berühmten ›bootstrap‹-Ansatz vor, die sogenannte Schnürsenkel-Philosophie, die keine Basis irgendwelcher Art akzeptiert. Die Atome setzen sich nicht aus Bausteinen zusammen, das Universum setzt sich nicht aus Bausteinen zusammen, das Leben setzt sich nicht aus Bausteinen zusammen. Alles, sowohl die Welt als auch das Leben, besteht aus einem sich dauernd wandelnden Gewebe von Zusammenhängen. Keine der Eigenschaften irgendeines Teils des Gewebes ist maßgebend. Alle ergeben sich aus den Eigenschaften der anderen Teile und jedes Teil enthält auf gewisse Weise das Ganze. Somit birgt die Bootstrap-Philosophie eine konkrete Ahnung der wahren kosmischen Zusammenhänge.

Kann es wahr sein? Die kleinsten Teilchen aller sichtbaren Materie – ob Stein, ob Metall – sind Wellen! ... Energiewellen! Mit anderen Worten: Energie! Würde das denn bedeuten, daß alles, was wir sehen, im Prinzip nicht existiert? Das Leben ist nur ein Traum? ...

Überaus bezeichnend erscheint uns hier James Jeans berühmte Feststellung: »Das Universum beginnt mehr wie ein Gedanke auszusehen!« ... Welch phantastische Vorstellung! [14]

Diese Vernetzung, bei der man keine Fäden sieht, die rätselhafte, sozusagen schnurlose Einwirkung einer Sache auf eine völlig andere, die weit entfernt und ohne irgendeinen offensichtlichen Zusammenhang mit ihr existiert, macht die Charakteristik und das große Geheimnis der Interdependenz des Daseins, wie sie der Dalai Lama definiert, aus.

Vielleicht wird uns gerade dann klarer, was da eigentlich vor sich geht, wenn wir uns eine jener Begebenheiten ansehen, für die man bisher keine Erklärung gefunden hatte, wie zum Beispiel die Sache mit den hundert Affen:

Auf einer der vielen meist unbewohnten Inseln im Japanischen Meer lebten nahe dem Strand einige Affenfamilien, die sich von einer dort wildwachsenden tropischen Knollenpflanze, genannt Batate, ernährten, welche auf dem sandigen Boden herumlag.

Seit eh und je fraßen die Affen die Knollen, ohne sich um die Sandkörner zu kümmern, die an diesen haften blieben. Eines Tages kam eines der Affenkinder, die meist am Strand spielten, auf die Idee, seine Batate zuerst im Wasser zu schwenken, um den Sand zu entfernen, der immer so unangenehm zwischen den Zähnen knirschte. Und bald machten es die anderen Affenkinder der Gruppe nach, während die Alten weiterhin den Sand mitaßen.

Erst nach langer Zeit machte es eine der Mütter, die ihrem Kind zugesehen hatte, ebenso. Sie lief auch zum Strand und tauchte ihre Knolle kurz ins Wasser. Später folgte eine zweite Mutter diesem Beispiel, und nach und nach kamen auch die anderen auf den Geschmack.

Sobald die Anzahl jener Affen, in deren Bewußtsein diese neue Technik eingespeichert war, die Zahl hundert überschritt, geschah etwas Eigenartiges: Auf allen der benachbarten, wenn auch weit entfernten Inseln, tauchten plötzlich alle Affen ihre Knollen ins Wasser, um sie vom Sand zu befreien!

Das gebündelte Bewußtsein von hundert Lebewesen hatte die Übertragungsenergie geschaffen, welche diese typische Aktion von Interdependenz auslö-

ste: ... die rätselhafte Einwirkung einer Sache auf eine andere, die weit entfernt ohne irgendeinen erkennbaren Zusammenhang mit ihr existiert.

Buddha sagte: »Alles hängt mit jedem zusammen.« *Und was er damit meinte, war die kosmische Vernetzung.*

Sehr eigenartig berührt einen da die prophetische Weitsicht in die Zukunft der Quantenphysik eines Aristoteles, der schon dreihundert Jahre vor Christus den damals unbegreiflichen Lehrsatz aufstellte: »Das Ganze ist mehr als die Summe seiner Teile.«

Auch viele große Denker unserer Zeit zeigten sich mit dieser Weisheit vertraut. So schrieb Albert Einstein: »Jeder Mensch ist Teil eines Ganzen, das wir Universum nennen.« *Gregory Bateson meinte:* »Jedes Ding sollte nicht durch das definiert werden, was es ist, sonderen durch seine Zusammenhänge mit anderen Dingen.«

Und bei John Steinbeck lesen wir die ergreifenden Zeilen: »Die Erkenntnis, daß alle Dinge eins sind und daß ein Ding alle Dinge ist – Plankton, eine schimmernde Phosphoreszenz auf dem Meer, kreisende Planeten und ein sich ausdehnendes Universum, alle verknüpft mit dem elastischen Band der Zeit.«

Auch wenn sich die meisten Menschen aus dieser Vernetzung ausgeklinkt haben, was ihnen Unglück brachte, dürfte es für keinen von uns ein Problem sein, sich wieder an das große Netz anzudocken und aus ihm jene Lebensenergie zu schöpfen, die nötig ist, um glücklich zu sein. Wir brauchen nur das anzuwenden, was uns die Delphine lehren.

№ 2

Die Weisheit Nummer zwei, die wir vom Delphin lernen, lautet: Indem wir anderen helfen, werden wir ins Netz der Schöpfung eingebunden.

Wie kann sich der Mensch heutzutage mit dem Netz des Kosmos und dessen Kraftquellen verbinden? Indem er sich in den unsicheren Zeiten des dritten Jahrtausends durch Helfen Freundschaften aufbaut.

So gibt es genügend Beispiele, die zeigen, daß nicht nur Delphine Menschen geholfen haben, sondern auch Menschen Delphinen. Von einem solchen Fall erzählt Pascale Noa Bercovitch in ihrem Werk Das Lächeln des Delphins:

»Eines Morgens, ein paar Wochen später – das ruhige Leben in Mezaina verstreicht im Rhythmus der zu heißen Sonne – tobt Oline im Wasser umher wie ein panisches Hündchen bei Hochwasser. Sie stößt kleine, schrille, angstvolle Schreie aus. Am Ufer ist die Zeit stehengeblieben. Drei Beduinen in weißer Galabya und mit dem keffieh, dem traditionellen rot-weiß karierten Tuch der Beduinen um den Kopf, sitzen im Schneidersitz im Schatten und spielen chech-bech, Backgammon. Als sie die Schreie des Delphins hören, sehen sie einander bestürzt an. Drei Sekunden vergehen, dann rennt Onkel Ibrahim wie von der Tarantel gestochen zur Hütte des stummen Abid'allah am südlichen Ende des Strandes. Er schlägt ihm auf die Schulter und erklärt mit wenigen Zeichen: »Oline ... Gefahr!«

Der junge Mann rast zum Riff. Er sieht den von Panik erfüllten Delphin, reißt seine Galabya herunter, taucht ins Wasser und schwimmt zu ihm.

Oline hat Angst, kein Zweifel. Sie schwimmt nach Norden vor ihm her, sie schwimmt zu schnell für ihn, hält an, wartet – entschlossen und in ihrem Ziel vollkommen sicher. Abid'allah, wie blind vor Anstrengung, folgt ihr, ohne zu begreifen, was los ist. Er weiß nur, daß sie ihn braucht, dort, ganz schnell, und das reicht ihm. Schließlich sieht er wenige Meter vor sich das Netz. Wieder einmal ein herrenloses Netz, das sich kilometerweit ausbreitet und alles festhält, was ihm zufällig in die Fänge kommt.

Ein Delphin, ein junges Männchen, hat sich in den Maschen verfangen. Er pfeift, er kämpft. Wahrscheinlich hat er einen Fisch fangen wollen und ist dabei in diese tödliche Falle geraten. Das Maul und der Schwanz sind reglos, er atmet noch, aber nur mit Mühe. Abid'allah versucht, die Schnüre mit den Händen zu zerreißen, vergeblich, ein Messer müßte man haben. ... Er schiebt die Hände zwischen die Maschen und die blau angelaufene Haut des Tieres. Er versucht, den Delphin aus dem Netz zu lösen, zerrt die Maschen hin und her. Dann zieht er am Maul des zitternden Tieres. Nach zwei, drei Minuten, so lang wie ein Jahrhundert, ist der Kopf frei. Bleibt noch sein Schwanz, der ihn nach unten zieht. An einer Stelle ist die Flosse schon eingerissen, Blut tritt aus, eine weißliche Flüssigkeit, dick wie der Saft einer Rose.

Oline kann nichts tun, sie schwimmt im Kreis um die beiden herum, die kämpfen, der eine, um nicht zu sterben, der andere, um mit seinen Menschenhänden einen gefangenen Freund zu retten.

Abid'allah ist ein ausgezeichneter Taucher, der es Rekordzeit lang unter Wasser aushält. Aber nach einigen Minuten muß selbst er auftauchen, um Luft zu holen. Noch einmal vergehen lange Sekunden, dann hat er es geschafft. Er hat den Delphin befreit! Mit einem Satz katapultiert sich der wie eine Rakete aus dem Wasser. ... Luft!

Der verletzte Delphin bleibt an der Meeresoberfläche, schwach und hechelnd. Oline ist erleichtert und beruhigt. Abid'allah ist völlig entkräftet, seine

Arme gehorchen ihm nicht mehr. Oline schwimmt zwischen ihnen, stützt mit dem Kopf mal die Schulter des einen, mal das Maul des anderen, sie hält die beiden über Wasser, damit sie mühelos atmen können.

Der junge Delphin ist erschöpft und bewegt sich sehr langsam. Um ihm zu danken, zieht er mehrere enge Kreise um Abid'allah. Dann schwimmt er davon. Oline bringt ihren Freund ans Ufer zurück. Er klammert sich an ihre Rückenflosse und läßt sich ziehen. Dann wartet sie, nicht weit vom Strand, den Kopf aus dem Wasser gestreckt, als wolle sie sich seiner guten Gesundheit versichern, als bedauere sie, ihn aus dem Wasser gehen zu lassen.«

Noch ein anderes Mal kommt Abid'allah seiner Delphin-Freundin Oline in einer dramatischen Aktion zu Hilfe, als sich deren Kind Jimmy in Seilen verwickelt hat:

»Mit lautem Krach wird Abid'allah brutal aus seinen Träumen gerissen. Nachbarn stürzen aufgeregt zu den drei Freunden ins Zelt. ›Oline, Oline, sie schreit, man sieht sie nicht, wir wissen nicht, was los ist. Komm schnell!‹ Schon ist Abid'allah in die Sandalen geschlüpft. Juama und Muhamed stolpern hinter ihm her – sie haben nicht recht verstanden, was los ist. Abid'allah auch nicht. Aber er hat die Panik herausgehört und Olines Namen. Das reicht. Er rennt, so schnell er kann. Die drei Freunde sind keine großen Redner, aber jede ihrer Gesten kommt von Herzen.

Oline schreit verzweifelt. Unter dem prasselnden Regen versuchen sie, den Delphin ausfindig zu machen. Der Motor des Bootes dröhnt bis in die Tiefen des Meeres. Olines Schreie zerreißen Abid'allah das Herz. Er versteht nicht, was sie so verzweifelt machen kann. Aber jetzt ist keine Zeit für Fragen. Da ist sie! Muhamed und Abid'allah tauchen hinab, ohne sich abgesprochen zu haben.

Sie begreifen schnell, als sie ihr in geringer Tiefe folgen. Jimmy hat sich in Seile verwickelt und Oline kann nichts tun, um ihn aus dieser tödlichen Falle zu befreien. Er lebt noch, aber er bewegt sich kaum, gefesselt und wie versteinert, ohne Luft. Die beiden Männer reißen an den Seilen. Sie bräuchten ein Messer, aber keiner von beiden hat eines bei sich. Beim Leben des Delphins geht es um wenige Minuten. Also nehmen sie all ihre Kraft zusammen und zerreißen mit den bloßen Händen Faser für Faser den Hanf. Allmählich gelingt es ihnen, die Stricke zu lösen. Geschafft! Unter den besorgten Blicken der Mutter ziehen sie den kleinen Körper an die Wasseroberfläche und sogar ins Boot. Als ob er ein Kind wiederbeleben würde, bläst Abid'allah in Jimmys Blasloch. Er gibt ihm all seine Luft, bläst so stark er kann, und Jimmy erwacht zu neuem Leben. Jetzt atmet er selbst, ganz leicht. Sein trüber, zärtlicher Blick scheint den Rettern zu danken. Niemals werden Muhamed und Abid'allah diesen Blick vergessen.

Einige Minuten später beschließen sie, den Delphin wieder ins Wasser zu lassen. Abid'allah ist außer Atem, der Regen spült das Salz ab, das an ihren blutigen Händen brennt. Sie sind glücklich. Oline bleibt still. Sie drückt sich ans Boot, das unter der Müdigkeit seiner Insassen schwankt. Die Beduinen von Mezaine haben erneut einen Delphin gerettet. Noch heute kann man auf Muhameds Handflächen die Narben von den Wunden sehen, die das Netz geschnitten hat.« [9]

Schon in der Antike wurden Fälle erwähnt, in denen ein Mensch einem Delphin half und dieser ihm dann später ebenfalls zu Hilfe kam. So berichtete Plutarch:

»Ein Mann namens Koiranos begegnete mehreren Fischern, die sich, obwohl es verboten war, anschickten, einen Delphin zu töten, der sich in ihrem

Netz verfangen hatte. Koiranos überredete sie, davon abzulassen, und übergab den Delphin, nachdem er die Fischer mit Geld entschädigt hatte, wieder seinem Element. Kurze Zeit später erlitt das Schiff, auf dem er fuhr, vor Mykonos, einer Insel im Westen, Schiffbruch, und Koiranos war der einzige, der die Katastrophe überlebte – er wurde durch seinen Delphin gerettet.

Als er in hohem Alter starb und sein Körper am Strand seiner Heimatstadt den Flammen übergeben wurde, tauchte eine Gruppe dunkelrückiger Delphine im Hafen auf und näherte sich dem Ufer, als wollten sie an der Trauerfeier teilnehmen. Die Tiere blieben, bis die letzte Flamme erloschen war, dann erst schwammen sie ins Meer zurück.« [21]

Umgekehrt haben auch schon Menschen den Tod eines befreundeten Delphins mit allen Ehren begangen. Am rührendsten wohl die Bewohner der neuseeländischen Ortschaft Opononi, als Opo, der Lieblings-Delphin ihrer Kinder, starb. Zufällig hielt sich gerade der Delphin-Forscher Antony Alpers in dem Ort auf. Er erzählt:

»Als die Meldung vom Ende des Delphins Opo die Ortschaft Opononi erreichte, senkte sich Trauer über alle Menschen, die ihn gekannt und geliebt haben. In der Nacht zog die Besatzung eines kleinen Bootes das tote Tier an den Strand, der ihm noch kurz zuvor als Tummelplatz fröhlicher Spiele gedient hatte. Später fand Opo neben der Gedenkhalle sein Grab. Dieses verschwand fast unter den Blumen, die von einer Fülle waren, als sei hier ein Mensch zur letzten Ruhe gebettet worden.

In Windeseile verbreitete sich die Nachricht von Opos Tod über die ganze Welt, und selbst Menschen, die von Opo nur in den Zeitungen gelesen hatten, spürten die gleiche Trauer wie die Bevölkerung Opononis. In dieser Nacht fand ich meinen kleinen Sohn tränenüberströmt, obwohl er Opo nie mit eigenen Augen gesehen hatte. Man komponierte ein Lied für den toten Delphin und in Whangarei betraten an diesem Nachmittag (es war ein Samstag) die Mädchen einer Hockeymannschaft das Spielfeld mit Trauerflor am Arm. Aus vielen Teilen des Landes trafen Telegramme und Briefe ein, die besonders den Kindern von Opononi ihr Mitgefühl bezeugten; eines dieser Telegramme trug die Unterschrift des Generalgouverneurs. Der Legat des Provinzgouverneurs salbte den Delphin mit kostbarem Öl, und aus Neuseeland sandte Sir Willoughby Norrie eine Beileidsbotschaft aus dem Regierungsgebäude.« [21]

Wenn Delphine seit frühesten Zeiten – manche behaupten sogar, schon vor der Sintflut auf dem sagenumwobenen Kontinent Atlantis – von Menschen verehrt, ja von einigen Naturvölkern sogar als Götter und von manchen griechischen Volksstämmen als Halbgötter angebetet wurden, so geschah dies ihrer hohen ethischen Einstellung wegen, die sich in Form von selbstloser Hilfsbereitschaft zeigt.

Jetzt interessiert uns natürlich die Frage, wie können wir Menschen ein solch hohes ethisches Verhalten im täglichen Leben praktizieren, damit sich auch für uns das Tor zur Dimension der kosmischen Vernetzung auftut. Denn sobald wir uns im Netz befinden, strömt von allen Seiten Hilfe für unsere Vorhaben in unsere Richtung. Es werden uns Menschen über den Weg laufen, die gerade das wissen oder bereithalten, was uns noch fehlt. Oder wir bekommen etwas, das für uns wichtig ist, auf einem Zeitungsblatt zu lesen, das jemand wegwarf. Es kann auch sein, daß wir aufwachen und noch ganz deutlich die letzten Worte hören, die jemand im Traum zu uns gesprochen hat; und daß genau diese Worte die Lösung für das Problem bieten, das uns tagelang beschäftigt hat. Nun bekommt auch der Satz von Paolo Coelho seine tiefere Bedeutung: »Wenn du dir etwas wirklich wünschst, hilft dir das ganze Universum, es zu verwirklichen.«

Damit sich das Tor zur Dimension der kosmischen Vernetzung für uns auftut, beginnen wir am besten damit, uns eine neue Einstellung zur Existenz anzuerziehen, unseren Alltag anders ablaufen zu lassen.

Von heute an werden wir alles mobilisieren, was in uns an Wohlwollen, Güte, Hilfsbereitschaft, Toleranz, Menschlichkeit, Wärme und Hingabe schlummert. Wir werden es aus uns herausholen und an unsere Mitmenschen verteilen. Gutes tun muß nichts kosten. Man kann täglich Wohlwollen, Güte und Hilfsbereitschaft verschenken, und dies sogar ganz nebenher, sozusagen im Vorbeigehen, ohne größeren Aufwand, still und leise. Schon ein Wort des Trostes, ein wertvoller Rat, ein Lächeln für einen Fremden, einfach ein guter Mensch sein, kann jenes Feedback auslösen, welches bedingt, daß jede Prise liebevollen Wohlwollens, die wir verschenken, wie ein Samenkorn wirkt, das wir im Boden versenkten. Es wird zu einer uns gut gesinnten schönen Blume oder einem hohen Baum der Freundschaft heranwachsen. Dadurch sind wir in der Lage, ganze Felder uns gut gesinnter Blumen und ganze Wälder uns gut gesinnter Bäume zu erschaffen, die uns umgeben und positive Schwingungen erzeugen.

Mit anderen Worten: Wir werden einen Kreis von lieben Freunden schaffen. Freunde, die uns gut gesinnt sind und denen wir gut gesinnt sind. Dazu wollen wir uns ein kleines, unbedeutendes praktisches Beispiel aus dem modernen Berufsalltag ansehen, das sich wirklich zugetragen hat, ohne daß es von irgend jemandem beachtet worden wäre.

In der Parfümerie von Terminal C eines Flughafens stand eine Verkäuferin. Ein weiblicher Fluggast betrat den Laden. Die Dame sagte, daß sie nach

Hamburg flöge, weil ihre Mutter krank sei, und daß sie ihr ein Geschenk mitbringen wolle, ein Fläschchen Eau de Toilette mit dem Lieblingsduft ihrer Mutter. In Hamburg habe sie dazu keine Gelegenheit mehr, weil heute Sonntag sei und die Läden geschlossen hätten. Die Verkäuferin bedauerte sehr, denn ausgerechnet die von der Frau gesuchte Marke war im Augenblick nicht vorrätig. Sichtlich enttäuscht verließ die Kundin das Geschäft. Zehn Minuten später traf eine neue Lieferung ein und eines der Pakete enthielt das von der Kundin gewünschte Eau de Toilette. Nun hätte jede andere Angestellte die Sache auf sich beruhen lassen, aber unsere Verkäuferin packte rasch ein solches Fläschchen in ein Geschenkpapier. Und als gleich darauf ihre Kollegin kam, um sie in der Mittagszeit abzulösen, lief sie dreißig Minuten lang durch die Terminals und versuchte, die Frau in der Menschenmenge zu finden. Dann sprach sie beim Abfertigungschef für den Hamburg-Flug vor, den sie kannte, und erhielt die Sondergenehmigung, die in der Parfümerie »vergessene« Ware persönlich in die Maschine zu bringen, da nur noch zwölf Minuten bis zum Start blieben. Die Verkäuferin lief im Flugzeug die Sitzreihen ab, fand ihre Kundin und händigte ihr das Paket aus.

Anschließend eilte sie zurück, legte den Kaufbetrag in die Kasse, und bediente weiter bis zum Abend. Diese Verkäuferin hatte keinerlei Vorteil von ihrer Hilfsbereitschaft gehabt. Ihre Mittagszeit war vorbeigegangen, ohne daß sie etwas essen konnte. Aber sie freute sich, der Frau nun doch noch das Geschenk für ihre kranke Mutter beschafft zu haben.

Eine solch selbstlose Gefälligkeit, die man von einer wildfremden Person erhalten hat, wird man nie vergessen. Diese Kundin flog noch zwei Jahre in regelmäßigen Abständen zu ihrer Mutter nach Hamburg und versäumte bei keinem Abflug und bei keiner Rückkehr, diese besondere Verkäuferin in ihrem

Parfümgeschäft zu besuchen. Sie lud sie – erst zu Geburtstagen und an den Weihnachtsfeiertagen – und schließlich jedes Wochenende zu sich nach Hause ein. Und da sie merkte, welch lieber Mensch sie war, erfüllte sie ihr ihren Lebenstraum und verschaffte ihr in der Stadt die Möglichkeit, in den Besitz einer gutgehenden Modeboutique für große Größen zu kommen.

6. Kapitel

Delphine haben ihre eigene Art,
Interessengemeinschaften zu bilden.
Plinius (24–79 n. Chr.)

In der Harmonie einer Gemeinschaft
Gleichgesinnter zieht der Delphin
glücklich durch die Meere.

In Freiheit leben Delphine fast immer in Gruppen, die man als Schulen bezeichnet. Eine Delphin-Schule schwimmt meist in Formation. Alle Tiere tauchen im selben Moment auf, um Luft zu holen, und schwimmen im Takt. Oft sieht man vom Schiff aus zwei, drei, vier oder sogar fünf Delphine in der gleichen Sekunde aus dem Meer springen, in künstlerischem Gleichklang in hohem Bogen die Luft durchsegeln, um im selben Zeittakt wieder unter die Wasseroberfläche zu tauchen.

Dazu stellt der Zoologe Professor Koehler fest: »Wenn man sich einmal überlegt, was bei diesen genau abgestimmten Sprüngen von mehreren dieser Tiere zugleich an Zeitsinn, an Raumbeherrschung, erforderlich ist, dann muß man eine solche Präzision und Genauigkeit der Bewegungen mit dem Können von Piloten im Formationsflug vergleichen. Das sind ganz bewundernswerte Leistungen.« [20]

Delphine legen ein fortschrittliches soziales Verhalten an den Tag und besitzen einen sehr stark ausgeprägten Familiensinn, der sich bereits bei der Geburt eines Delphin-Babys zeigt.

Horace Dobbs beschreibt dies sehr ausführlich: »Beim Menschen bedeutet die Geburt, selbst wenn alles nach Plan verläuft, doch eine Zeit der Erschöpfung für die Mutter. Zudem kommt es manchmal vor, daß Schwierigkeiten auftreten. Deshalb gehen bei uns die meisten werdenden Mütter ins Krankenhaus, um ihr erstes Kind zu bekommen. Mütter, die ihre Babys zu Hause gebären, nehmen die Assistenz einer Hebamme zu Hilfe. Die Möglichkeit, in solchen Zeiten eine Unterstützung wie diese in Anspruch zu nehmen, ist einer der Vorteile der zivilisierten Gesellschaft. Aber es sieht so aus, als ob sich Delphine der gleichen Art fortschrittlichen sozialen Verhaltens erfreuten, denn ein weiterer weiblicher Delphin ist fast immer anwesend, um der Mutter durch die schwierige Zeit der Geburt zu helfen.« [19]

Diese Delphin-Hebamme, meist eine Tante, begleitet die Mutter bereits in der letzten Periode ihrer Schwangerschaft, die – je nach Delphinart – zehn bis sechzehn Monate dauert, und hilft ihr bei der Geburt. Das Delphin-Kind wird unter Wasser und mit dem Schwanz nach vorne geboren. Innerhalb von zehn Sekunden wird es von der Hebamme – die Mutter ist zu erschöpft, um es selbst zu tun – zur Wasseroberfläche hochgeschoben, um seinen ersten, lebensspendenden Atemzug machen zu können. Die Hebamme hält das Baby einige Sekunden gestützt an der Oberfläche, bis es in der Lage ist, mit eigenen Schwimmbewegungen zu beginnen. In unmittelbarer Nähe halten sich noch andere Tanten in Wartestellung auf, um eine schützende Zone für den Neuankömmling zu bilden und zusammen mit der Hebamme eventuell störende neugierige Männchen auf Distanz zu halten. Vor allem aber, um Haie zu vertreiben, die durch das Blut, das bei einer Geburt immer vorhanden ist, angezogen werden. Auch noch viele Monate nach der Geburt zeigen die »Tanten« ein großes Interesse an dem Kleinen und spielen mit ihm, wenn die Mutter auf Nahrungssuche ist.

Die Mutter säugt ihr Baby mit einem großzügigen Milchvorrat und zeigt ihre Liebe in zärtlichen Bewegungen.

Virginia McKenna schreibt in ihrem herrlichen Bildband Into the Blue über die Intensität der mütterlichen Zuwendung: »Obwohl aufgeweckt und mit offenen Augen von den ersten Augenblicken der Geburt an, bleibt das Junge sehr nahe bei der Mutter – manchmal dicht über ihrer Rückenflosse oder neben ihr, wobei die kleine Schwanzflosse des Babys sich gegen die Flanke der Mutter preßt. Die Bindung zwischen den beiden ist sehr eng und liebevoll. Mutter und Baby können unter Umständen bis zu sechs Jahre zusammenbleiben.« [18]

So schrieb bereits im ersten Jahrhundert nach Christus Plinius, der exakteste Schilderer vom Leben der Delphine in der Antike: »Oft begleiten Delphine ihre Jungen noch, wenn sie schon längst ausgewachsen sind.« Auch Aristoteles erwähnte diese Eigenart, und sogar Oppian, der allerdings Tatsachen mit Phantasie auszuschmücken pflegte.

Die Beziehung zwischen Mutter und Kind ist bei Delphinen so eng wie bei keinem anderen Lebewesen unseres Planeten. Eine Delphin-Mutter übertrifft in ihrer Hingabe alle anderen Geschöpfe. Es kam schon vor, daß eine Mutter, die von zwei Kindern begleitet wurde und mitansehen mußte, wie eines der beiden in eine tödliche Falle geraten war, das andere Kind so lange mit Schwanzschlägen davonzujagen versuchte, bis sie die Flucht des Kleinen erreichte, der nicht begriff, warum ihn seine Mutter wegjagte. Und während das eine Kind entkam, eilte die Mutter zurück zu ihrem anderen Kind in Todesnot, um gemeinsam mit ihm zu sterben.

Als einzige Tiere helfen Delphine zudem ihren kranken oder verwundeten Artgenossen. Mehrere Tiere umschließen den Kranken in einer bestimmten Formation, die bewirkt, daß er in ihrem Sog kaum zu schwimmen braucht, und schieben ihn an die Oberfläche, sobald er atmen muß.

Der Delphin gehört zu den wenigen Tieren, die unter sich keine Kämpfe austragen. Es gibt keine Aggression oder Verteidigung von Revieren unter Artgenossen. Wenn Fischschwärme als Beute in Sicht sind, wird niemand von der Gruppe nervös und versucht, rasch vor den anderen Beute zu erhaschen. Ruhig und organisiert wird gemeinsam gejagt und alle Nahrung wird gerecht untereinander verteilt. So verlieren Delphine keine Energie in Auseinandersetzungen.

Im Gegenteil, aus der völligen Harmonie, dem totalen Gleichklang, in dem Delphin-Schulen die Meere durchziehen, schöpfen sie sogar noch einen Teil ihrer Energie. Abu Salam, Vater des Friedens, wird der Delphin von den Beduinen genannt, die an den Ufern des Roten Meeres enge Freundschaften mit ihnen pflegen.

Es existiert keine einzige Tierart auf unserem Planeten, die dem Delphin gleicht. Und am wenigsten von allen verfügt der Mensch über die glückliche Gelassenheit, welche das Wesen des Delphins ausmacht. Bei den Delphinen gibt es keine Disharmonie, kein Ungleichgewicht irgendwelcher Art.

Eine solche Einheit, eine solch glückliche Harmonie mit der Natur und durch sie mit dem Kosmos, wie nur der Delphin sie besitzt, wäre auch für den Menschen sehr wichtig. Und zwar für die transzendente Erfahrung, die Freud so treffend als »ozeanisches Gefühl« bezeichnet hat.

Für das Wichtigste, was wir über das Leben zu lernen haben, können Delphine zweifellos unsere Lehrer sein. Und sie scheinen nur zu bereit, ihr kosmisches Wissen mit uns zu teilen.

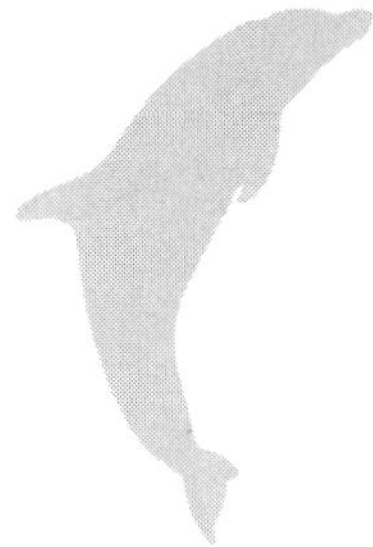

7. Kapitel

*Unter guten, seelenvollen Menschen
trägt sich die Last des Lebens leicht.*
NOVALIS (1772–1801)

*In der glücklichen Gemeinschaft
glücklicher Freunde
kommt der Erfolg von selbst.*

Inmitten des unsichtbaren, schleichenden Chaos der heutigen Zeit empfinden viele Menschen die Widrigkeiten des Alltags als unerbittlich. In diesem feindlichen Umfeld versuchen sie, in einem Gefühl von Allein-gelassen-worden-Sein, ihre kleinen Ziele mit letzter Willensanstrengung und unter Entbehrungen mit Gewalt zu erkämpfen. Wir Delphin-Menschen hingegen erschaffen um uns herum eine Zone des Wohlwollens und der Hilfsbereitschaft, ein uns gut gesinntes Umfeld, gegen das wir nie zu kämpfen brauchen.

In Zeiten von Unsicherheit darf sich der Mensch nicht isolieren. Aber leider ist es nun einmal so, daß viele, die vom täglichen Kampf erschöpft sind, in dem Gefühl leben, daß es ihnen schlecht geht, daß sie ausgebeutet, mißbraucht und betrogen werden. Da wollen sie natürlich nicht herumlaufen und anderen Leuten ihre Niederlagen schildern. Wie ein verletztes Tier ziehen sie sich in ihre Ecke zurück und manövrieren sich so ganz automatisch in völlige Isolation hinein.

Bei Naturkatastrophen, wie Überschwemmungen oder Erdbeben, läßt sich immer wieder beobachten, daß Menschen, die einsam und ohne Freunde leben, häufiger den Tod finden, während Menschen, die in einem Kreis von lieben Freunden leben, die überlebensnotwendige Hilfe zuteil wird.

Es gibt viele gute Menschen auf der Welt, auch in unserer unmittelbaren Umgebung. Aber wir kennen sie nicht. Um uns mit ihnen verbinden zu können, müssen wir erst einen Kontakt herbeiführen. Wie sich das machen läßt, haben wir im fünften Kapitel gesehen.

Es wäre jedoch heilsam für unser Vorhaben, wenn wir vorher, nachher oder gleichzeitig noch eine andere Aktion starten würden, die im Gegensatz zur ersten steht. Wir sollten nämlich unseren bisherigen Bekannten- und Freundeskreis einmal genau unter die Lupe nehmen, um rigoros alle Energieräuber aussortieren zu können. Das sind alle Personen, die in Wirklichkeit keine wahren Freunde sind, die hinter unserem Rücken über uns lästern, die auf irgend etwas eifersüchtig reagieren und durch nur scheinbar freundlich klingende, tatsächlich aber spitze Kommentare unser Selbstbewußtsein in die Tiefe drücken.

Vielleicht haben wir den einen oder anderen von ihnen in unserem Bekanntenkreis behalten, weil er einflußreich war und wir glaubten, daß er uns eines Tages irgendwie weiterhelfen könnte. Wir haben ihm Komplimente gemacht, die nicht ehrlich gemeint waren, weil wir dachten, es würde ihn freundlich stimmen. Und gerade, weil wir immer ein ehrlicher Freund sein wollen, haben wir uns dabei nicht gut gefühlt. Es hat uns deprimiert, uns prostituieren zu müssen, um etwas zu erreichen.

Ob uns diese Person nun Vorteile bringen kann und wird, oder nicht:

Solche Leute sortieren wir sofort und endgültig aus!

Es ist unsere Sache nicht, uns an jemanden zu hängen, der uns in Wirklichkeit nicht leiden kann.

Das Eigenartige dabei ist, daß diese unguten Konstellationen im Grunde wieder eine Angelegenheit unseres Energiehaushalts darstellen. Das wird uns sofort klar, wenn wir James Redfield eine kleine Episode aus seiner abenteuerlichen Reise durch die Anden erzählen lassen:

»Auf dem Tisch standen Fleischtopf, Gemüse und Salat. Der Eigentümer schwirrte dienstbeflissen durch das Zimmer. Im Hintergrund hielten sich seine Ehefrau und ein etwa fünfzehnjähriges Mädchen auf. Als wir uns setzten, wischte Wil mit dem Ellbogen aus Versehen eine Gabel vom Tisch. Laut klappernd fiel sie auf den Boden. Der Mann warf seiner Frau einen ärgerlichen Blick zu und diese blaffte das Mädchen an, weil es nicht sofort nach einer neuen lief. Das Mädchen eilte ins Nebenzimmer und kam sogleich mit einer Gabel wieder heraus, die sie vorsichtig Wil überreichte. Ihr Rücken war gebeugt und ihre Hand zitterte ein wenig.

Als die Frau und ihre Tochter zum Nachtisch Kuchen servierten, stieß das Mädchen mein Glas um, so daß der ganze Tisch vor mir unter Wasser stand. Zornig eilte die Frau herbei, schrie das Mädchen auf spanisch an und schubste es zur Seite. Der alte Mann begann zu schreien, und das Mädchen rannte aus dem Zimmer.

Als wir später Reneau darüber berichteten, meinte er: ›Sobald jemand Kontrolle über einen anderen Menschen ausübt, eignet er sich dessen Energie an. Er tankt sich auf Kosten des anderen auf.‹«

Dieser Mann und seine Frau, von denen Redfield erzählt, absorbierten die gesamte Energie ihres Kindes, so daß es verwirrt und beinahe handlungsunfähig wurde. Das Kraftfeld der beiden wurde dadurch enorm gestärkt, sie fühlten sich wichtig und überlegen.

Man glaubt nicht, wie viele Menschen es gibt, die sich ganz unbewußt liebend gern mit schwächeren Personen umgeben, deren Ego sie mit kleinen Sticheleien unterdrücken können. Auf diese Weise nehmen sie dem anderen Energie weg und speichern sie in ihrem eigenen Reservoir. Nun fühlen sie sich wohl, fühlen sich erhaben, während der andere energiegeschwächt von Mißbehagen oder Minderwertigkeitskomplexen heimgesucht wird. Fast immer stellt diese Unart die einzige Energiequelle dar, die jene Menschen, die sie pflegen, sich geschaffen haben.

Das ist ein grundlegender Aspekt, den wir beim Aufbau unseres Freundes-

kreises im Auge behalten müssen. Alle Freunde und Bekannten, die wir uns aussuchen, mit denen wir uns umgeben, müssen von einem Wesen sein, welches für uns immer und zu jeder Zeit nur das Beste will. So wie auch wir ihnen in jeder Situation nur das Beste wünschen.

Den anderen aber, den Energieräubern, werden wir von nun an freundlich Guten Tag sagen und an ihnen vorübergehen. Wir werden es einzurichten wissen, daß die nötige Distanz entsteht und immer bestehen bleibt, welche es ihnen unmöglich macht, mit uns Kontakt zu pflegen.

Sollte aber einer von uns einen wirklichen Feind haben, dann hilft nur die ›Glasmethode‹. Wir machen ihn im Geiste zu einer leblosen Statue aus Glas. Wir nehmen ihn nicht mehr wahr, sehen durch ihn hindurch, als ob es ihn nicht gäbe.

Allein auf sich gestellt, kann niemand in den heutigen schwierigen Zeiten erfolgreich sein. Wir müssen, wie die Delphine, um uns eine Oase der Harmonie schaffen. Ein stabiles Netz von Gleichgesinnten, von Freunden, auf die wir uns verlassen können, wo einer dem andern hilft. Dann kommt nie mehr das Gefühl auf, allein auf der Welt, aber gleichzeitig Konkurrent der anderen zu sein.

Nur in einer solchen Oase kann der Mensch im 3. Jahrtausend bestehen und glücklich sein. Dieses Isotop des Friedens inmitten von unsicheren Zuständen wird sich ausbreiten wie ein Moosgeflecht. Weil ja unsere gleichgesinnten Freunde, und seien es nur zwei oder drei, wieder gleichgesinnte Freunde um sich scharen, die dann auch zu unserem Freundeskreis gehören.

Nº 3

Die Weisheit Nummer drei,
die wir vom Delphin lernen, lautet:
Unseren gesamten Bekannten- und Freundeskreis umorganisieren! Alle Energieräuber ausschließen! Auch solche, von denen wir dachten, ihre Bekanntschaft würde uns einen Vorteil bringen.
Es heißt, eine harmonische, glückliche Oase von Freunden und Bekannten aufzubauen, die uns Energie bringen, weil sie uns mögen, weil sie uns gut gesinnt sind; und die wir mögen, denen wir gut gesinnt sind!

Nun gibt es noch einen zweiten Punkt, auf den wir achten müssen, wenn wir ein Ziel – was immer es sein mag – erreichen wollen: Wir dürfen es in keinem Fall angehen, ohne uns darum zu kümmern, ob das, was wir wollen, anderen schadet oder nicht.

Ein Delphin-Mensch wird nie eine Tätigkeit ausüben oder ein Geschäft tätigen, wobei er andere übervorteilt, und sei es nur in verstecktester Weise. Ja, im Sinne der vom Dalai Lama definierten Interdependenz wird er sogar versuchen, jede Tätigkeit, wo immer es geht, auf eine Art und Weise zu verrichten, daß sie von irgend jemandem in irgendeiner Weise als nützlich empfunden wird. Und das kann man in jedem ehrlichen Beruf. Man braucht nur das, was man tut, mit Hingabe an die anderen zu tun. Mit Liebe – denn sie ist die wichtigste Säule des Daseins.

So spricht Siddhartha *in Hermann Hesses Buch: »Die Liebe scheint mir in allem die Hauptsache zu sein. Die Welt zu durchschauen, sie zu erklären, sie zu verachten, mag großer Denker Sache sein. Mir aber liegt daran, die Welt lieben und sie und mich und alle Wesen mit Bewunderung und Ehrfurcht betrachten zu können.«*

8. Kapitel

Freude ist das Ziel des Lebens.
Heraklit (544–483 v. Chr.)

Das Wesen des Delphins liegt im Spiel,
in seiner harmonischen Bewegung, im Tanz
und in seiner Heiterkeit, seinem Glücksgefühl,
das er auch an andere verströmt.

Die Fähigkeit, von Natur aus glücklich zu sein, die der Delphin in hohem Maße besitzt, steckt jeden Menschen an, der in seine Nähe gerät. Die Art, wie er sich, im Spiel vertieft, durch die Meere zu fernen Zielen bewegt, ist unnachahmlich.

»Mancher Seemann fühlte schon, wie sein Herz sich erwärmte, wenn eine Schule von Delphinen sein Boot begleitete«, schreibt Horace Dobbs. »Selbst der härteste unter den alten Seebären läßt sich zu einem Lächeln hinreißen, wenn er sich an die Begleitung von Delphinen auf seinen Reisen erinnert. Für die alten Seeleute waren Delphine Glücksbringer. Auch heute, wo viele Leute allein über Ozeane segeln, löst der Anblick von Delphinen im Meer ein freudiges Glücksgefühl in ihren Herzen aus.«

Patrik Leigh Fermors formuliert es in seinem Buch Travels in the Peleponnes *so: »Diese Tiere bringen Segen. Der Tag, an dem man ihnen begegnet, unterscheidet sich von allen anderen.«*

Und er schreibt über einen Seemannsbrauch im heutigen Griechenland, von dem wir noch nie gehört hatten. Vom Kapitän eines griechischen Dampfers hat Fermors einmal erfahren, daß die Seeleute jener Gewässer die Delphine mit dem Ruf 'Wasili' (König) herbeirufen. Sie haben eine besondere Art, diesen Ruf erklingen zu lassen, und wenn die Delphine ihn hören, verharren sie unbeweglich und horchen mit erhobenen Köpfen, von wo der Ruf kommt. Wird er wiederholt, so eilen sie blitzschnell herbei.« [23]

Sehr gut gefällt uns auch, wie Antony Alpers das Glücksgefühl des Betrachters beschreibt, welches von der Anmut und Heiterkeit des Delphins auf ihn übergeht: »Der Himmel helfe dem, der beim Anblick dieser lebhaften Tiere nicht in Begeisterung ausbricht. Der Geist göttlicher Heiterkeit muß ihm fremd sein.« [21]

Allerdings müssen wir jetzt noch einmal auf die Autoren Ralph Breier und

Jörg Reiter und ihre Schilderung des Schiffsausflugs mit Kindern in die kleine Bahama-Bank zurückkommen. Denn mir erscheint die Aussage der vierzehnjährigen Fay, nachdem sie zum erstenmal mit einem wilden Delphin geschwommen war, unendlich tiefgründiger als das, was irgendwelche Seeleute von sich gaben. Diese sahen ja Delphine immer nur von ihrem Schiff aus, während das Mädchen hautnah über eine Stunde in engstem Blick- und Seelenkontakt das rätselhafte Wesen des Delphins erlebte.

Die kleine Fay sprach nämlich etwas an, was alle anderen, die Begegnungen mit Delphinen und deren glücklicher Ausstrahlung schilderten, übersehen hatten. Sie erklärte: »Es ist schwer zu sagen, welches Gefühl es war. Ich kann es nicht beschreiben. Der Kontakt ist viel enger als mit Menschen. Es ist eine Verbindung über das Fühlen – ohne Sprache. Hinter ihren Augen habe ich eine Persönlichkeit gespürt, ganz deutlich. Obwohl es aufregend ist, war ich ganz ruhig, als ich aus dem Wasser kam.

Man ist traurig, man ist glücklich. Alles auf einmal.«

Dieses Kind hat genau die Zusammensetzung der zwei sich widersprechenden Gefühle beschrieben, die bei engstem Kontakt mit solch kosmischen Lebewesen unvermeidlich entstehen müssen, welche bei oberflächlicheren Schilderungen aber stets fehlen: Zum einen das Glücksgefühl, das durch die innige Zusammengehörigkeit und das Freundschaftsverhalten der Delphine ausgelöst wird. Zum anderen die Traurigkeit über das Drama, in unterschiedliche Naturelemente hineingeboren worden zu sein, so daß es keinen gemeinsamen Weg fürs Leben geben kann. Da beide, Mensch und Delphin, die Königskinder der Natur sind, gilt auch für sie das alte Lied:

Es waren zwei Königskinder,
die hatten einander so lieb.
Sie konnten zusammen nicht kommen,
das Wasser war viel zu tief.
DEUTSCHES VOLKSLIED

Neben den Adjektiven aggressionsfrei, hilfsbereit, humorvoll, heiter, glücklich, deren man sich für die Beschreibung der Charakterzüge des Delphins bedient, wird auch in vielen Berichten darauf hingewiesen, daß Delphine hohe Meister, große Künstler der Bewegung sind. Mit einem Minimum an Anstrengung vollführen sie ein Maximum an Dynamik. Dabei zeigen die Stärke, Kraft, Grazie, Schönheit und Eleganz ihrer Schwimmbewegungen oder artistischen Sprünge ganz deutlich, daß diese einmaligen Lebewesen von einem höherstehenden, künstlerischen Geist beseelt sind.

Der Körper des Delphins stellt den perfektesten Fortbewegungsapparat der Natur dar. Wenn Delphine in Gruppen synchron aus dem Wasser springen und heitere Kunststücke machen, liegt soviel Schwung, soviel Rhythmus, soviel Musik in dem Bewegungsablauf, daß man dies als großes künstlerisches Talent in der Sparte Tanz bezeichnen muß.

In seinem Buch The long Voyage, beschreibt Adrian Hayter, der mit seiner Yacht Sheila vor der nordafrikanischen Küste navigierte, die tänzerische Begabung der Delphine folgendermaßen: »Das Spiel, dem sich eine Gruppe von Tümmlern geschmeidig und mit artistischem Geschick hingab, brachte ihre Körper immer wieder in Berührung. Aneinandergeschmiegt stiegen sie der Oberfläche entgegen, ließen kurz davor voneinander ab und schnellten, Seite *an Seite, in vollkommener Harmonie in die Luft, um gemeinsam wieder ins Meer abzutauchen.«* [24]

Und in dem Werk Das große Buch der Delphine *von Gérard Soury, steht: »Die Fleckendelphine der Bahamas sind wundervolle Tänzer. In der Welt der Wale haben sie wegen der Schönheit ihrer Schwimmfiguren nicht ihresgleichen.«*

Auch aus zahlreichen Filmdokumentationen wird ersichtlich, daß der Delphin nicht nur schöne Bewegungen ausführt, sondern auch ein unglaubliches Timing und Rhythmusgefühl besitzt. Er ist der perfekte Tänzer; noch dazu einer, der seine Figuren selbst erfindet. Nachdem er keine Hände hat, um Malerei oder ähnliches als Kunst zu betreiben, bleibt dem Delphin nur der Tanz, um zu zeigen, daß er auch auf künstlerischem Gebiet dem Menschen ähnlich ist. [24]

9. Kapitel

Der in sich unbeschwerte Mensch
ist auch den andern keine Last.
EPIKUR (341–270 V. CHR.)

Der Mensch soll nicht kämpfen
gegen das, was ihn umgibt,
sondern versuchen, seine Ziele
spielend zu erreichen.

Streß ist ein Wort, das man früher nicht kannte. Man sah den Landmann nach getaner Arbeit auf der Bank vor seinem Häuschen sitzen und friedlich seine Pfeife rauchend den Abendglocken lauschen. Der Hund lag zu seinen Füßen, auf der Türschwelle schlief eine Katze und von irgendwo erklang der Vögel letztes fröhliches Gezwitscher des Tages.

»Quae mutatio rerum!« – Welche Veränderung der Dinge! Wie nach einem Dammbruch stürzten die Energieräuber, die Krankmacher Hektik, Streß, Aufregung, Tumult, Dauerlärm und chronische Rastlosigkeit auf unser Leben herab, und nun prägen sie den 24-Stunden-Tag des dritten Jahrtausends. Ohne Uhr am Handgelenk und ohne Handy fühlen wir uns nackt – sagen uns doch beide zu jeder Minute, was wir auf keinen Fall zu tun vergessen dürfen! Und wie schlimm sieht heute die Welt vieler Großstadtkinder aus, die keine Sekunde mehr ohne irgendein elektronisches Spielzeug sein können, um hektisch auf dessen Knöpfen herumzudrücken.

»Hektik« und »Streß« sind die meistgebrauchten Worte im Redeschwall des Alltags geworden. Sie beschreiben am besten die Zustände, welche heute unser Leben diktieren. Den Menschen ist das nicht entgangen. Längst hat der Gegentrend der Aussteiger eingesetzt. Aber leider verfügen nur wenige über die Mittel zu fliehen; sich auf eine ruhige Insel abzusetzen, um sich dort ein schönes Leben zu machen. All die anderen müssen bleiben, wo sie sind, um ihren Unterhalt zu verdienen.

So wird es höchste Zeit, daß wir uns die ruhige, heitere Unbeschwertheit aneignen, welche der Delphin in perfekter Weise praktiziert und lehrt. Nur der Delphin kann uns noch helfen, aus dem Teufelskreis der künstlichen Aufregungen auszubrechen, um ein friedliches Leben mit einem gesunden Reservoir stets verfügbarer Energie zu führen.

Jetzt erschließt sich uns auch die tiefere Bedeutung der vorangegangenen drei ratgebenden Weisheiten unserer kosmischen Lehrer. Denn alle fünf Weisheiten, welche die Delphine uns anvertrauen, bilden eine Einheit.

- *Um überhaupt einmal irgend etwas in unserem Leben ändern zu können, brauchten wir als erstes ein Plus an Energie. Die Delphine haben uns gezeigt, wie und wo wir sie uns holen können.*
- *Als zweites haben wir Wohlwollen, Güte und Hilfsbereitschaft mobilisiert und an unsere Mitmenschen verteilt, und uns dadurch liebe Freunde geschaffen.*
- *Nun konnten wir als drittes unseren Bekannten- und Freundeskreis umkrempeln, Energieräuber und Egokiller aussortieren, und eine glückliche Oase von Menschen schaffen, die uns gut gesinnt sind und denen wir gut gesinnt sind. Und jetzt erst, in dieser Oase des Friedens und mit der Hilfe lieber Freunde, werden wir fähig, den nächsten Schritt zu tun:*

№ 4

Die Weisheit Nummer vier,
die wir vom Delphin lernen, lautet:
Nichts mit der Brechstange angehen,
nicht gegen den Strom schwimmen,
sondern heiter, elegant und locker,
mit einem Schuß Spieltrieb
gekonnte Arbeit verrichten,
so daß sie Spaß macht.
Dies ist das wichtigste Erfolgsrezept des Delphins!

Damit es uns wirklich gelingt, uns diese Einstellung anzueignen, bedienen wir uns am besten zweier Techniken: einer fast dreitausend Jahre alten aus dem Taoismus, genannt WU WEI. Und einer zweiten, brandneuen aus der Zukunft, der man den Namen Fuzzi gegeben hat. Delphine beherrschen beide Techniken.

Theo Fischer schreibt in der Einleitung seines Ratgebers WU WEI – die Lebenskunst des Tao*: »Es gibt ein Lernen, das uns verstehen läßt, was wir sind. Aus diesem Verständnis entsteht eine völlig neue Art des Handelns:* Wu-wei. *Das heißt Handeln durch Nichteingreifen, durch Geschehenlassen. Es ist die Fähigkeit, das Steuer des Lebens jener Macht zu überlassen, die eine Dimension von uns selbst ist, und die Laotse einst das Tao genannt hat.«* [3]

Fast jeder Mensch weiß, oder ahnt zumindest, daß er in einer Notlage, oder um lebensnotwendige Ziele zu erreichen, die ewigen kosmischen Mächte um Beistand bitten kann. Wie immer er diese höchste Instanz – je nach seinem Glauben – nennen mag. Und er ahnt, daß er die erbetene Hilfe auch bekommt, wenn seine Bitte inständig genug ist und über die richtigen Bahnen läuft. Das Gefühl der Hilflosigkeit und das sehnliche Verlangen nach Unterstützung dringen in sein Unterbewußtsein, breiten sich dort aus und gelangen über diese Nabelschnur ins Netzwerk der Schöpfung. Daraufhin setzt ein Feedback ein, welches uns auf irgendeine Weise und in irgendeiner Form die gewünschte Hilfe bringt.

Nun machen viele Menschen, nachdem sie ihre Bitte ausgesprochen haben, den kapitalen Fehler, auch noch selbst aktiv zu werden, um sich aus ihrer Misere zu befreien. Sie rennen da hin, rennen dort hin, versuchen dieses oder jenes! Dabei vergessen sie, daß sie damit den ewigen Mächten ins Steuer greifen, ihnen die Möglichkeit nehmen, die gewünschte Hilfsaktion auf ihre ganz spezielle, meist überraschende Weise durchzuführen. Man kann nicht jemandem das Lenkrad seines Schicksals vertrauensvoll in die Hand geben und gleichzeitig selbst daran hin- und herzerren!

Sobald Sie Ihre SOS-Meldung dem Unterbewußtsein übergeben haben, sollten Sie auf WU WEI schalten! ... Loslassen! ... Das geschehen lassen, was sich die Kräfte des Kosmos ausgedacht haben, um Ihnen Hilfe zu bringen.

Dieses Loslassen in bestimmten Situationen, die lockere, spielerische Art des Delphins sollte überhaupt in allen Bereichen jenes Kampfgeistgehabe ablösen, das so lange Mode gewesen ist. Denn in Zeiten der Unsicherheit und steigender Unberechenbarkeit gegen irgendetwas zu kämpfen und um sich zu schlagen, ist der lächerlichste Versuch, voranzukommen. Wozu haben wir unsere Intelligenz? Wir können immer eine andere, eine mühelosere Lösung finden.

Man will es kaum glauben, aber Ziele lassen sich quasi spielend erreichen, sobald man sich wieder eingebunden hat in das große Netz allen Geschehens. Zugang dazu erhalten wir durch Vertrauen in unser Schicksal und absolute Zuversicht in die Wahrheit, daß wir nicht allein stehen, sondern aufs Engste mit dem großen Energiefeld der schützenden Kräfte verbunden sind, von dem wir kommen und in welches wir zurückkehren werden.

Mit dieser Sicherheit im Bewußtsein wird alles leicht, macht alles Freude. Wir können die Brechstange beiseitelegen. Es besteht keine Gefahr mehr, daß wir durch Weitermachen bis zum bitteren Ende für ein Ziel untergehen, das sich nicht verwirklichen ließ. Denn von nun an stehen uns immer schützende Kräfte bei, und das auf elegante, intelligente und flexible Weise.

An dieser Stelle kommt nun ein weiterer, nicht weniger interessanter Mechanismus der kosmischen Kräfte ins Spiel. Alles, was diese höheren Mächte wünschen, was gemacht werden soll, legen sie in unserem Unterbewußtsein fest. Nicht als Gedanke, sondern als Gefühl. So leiten sie uns dorthin, wo sie uns haben möchten, und stellen uns auf die Startlinie für die Mission, die wir zu erfüllen haben.

Das geht ganz einfach: Jedesmal, wenn wir ein schlechtes Gefühl bei einer Sache haben, laufen wir in die verkehrte Richtung. Und immer dann, wenn sich ein gutes Gefühl bei etwas einstellt, befinden wir uns auf dem richtigen Weg zu der Mission, die wir in diesem Leben zu erfüllen haben.

So betrachtet kann man sich leicht vorstellen, daß all jene, die immer nur ihren Verstand benutzt und nie in sich hineingehorcht haben, auf dem völlig verkehrten Dampfer durchs Leben navigieren. Das macht viele von ihnen herrschsüchtig, ewig mißtrauisch, ständig gereizt. Weil ja in ihrem Innersten dauernd ein Gefühl von Unzufriedenheit vorherrschen muß.

Aus diesem Grund ist die Umsetzung der WU-WEI-Methode für uns Delphin-Menschen so wichtig: die Fähigkeit loszulassen, und nach den Gefühlen zu handeln, durch welche uns der Kosmos leitet. ...

Und nun kommen wir zur zweiten Technik, derer wir uns bedienen, so wie es die Delphine tun, und welcher man den eigenartigen Namen Fuzzi gegeben hat. Diese Technik ist viel schwerer zu beschreiben als das WU WEI des Tao.

Fuzzi nennt man den schmalen Bereich von Unvorhersehbarkeit, der zu jedem Ablauf gehört und jene, die glaubten, alles genau berechnet zu haben, zum Wahnsinn treibt.

Fuzzi ist das Körnchen Sand, das in unbegreiflicher Weise ins Getriebe dessen gelangt, was perfekt geplant zu sein schien.

Fuzzi können auch die acht Minuten Verspätung sein, die ein Intercity-Zug auf einer Strecke von wenigen hundert Kilometern angesammelt hat, ohne daß jemand sagen könnte, was die Verzögerung verursacht hat.

So hat man herausgefunden, daß es vernünftiger wäre, der Fahrzeit einer Zugstrecke Fuzzi einzuräumen und sie fünf Minuten länger anzusetzen, als vierzig Millionen dafür auszugeben, damit ein Intercity noch drei Minuten schneller am Zielbahnhof eintrifft. Denn jedesmal, wenn ein Zeitplan so knapp kalkuliert und kein Fuzzi eingeplant war, mußte man feststellen, daß es am laufenden Band Verspätungen und Schwierigkeiten mit den Anschlußzügen gab.

Es mutet schon sehr eigenartig an, daß sich bereits Buddha mit dieser Unschärfetheorie, die man im modernen Jargon Fuzzo-Logik nennt, befaßt zu haben scheint. Jedenfalls tat er schon damals seine Überzeugung kund, daß alle Gegensätze nebeneinander existieren und sich gegenseitig bedingen, daß es nicht nur entweder Schwarz oder Weiß gibt, sondern im Leben außerdem auch noch ein Feld von Grauschattierungen existiert.

Für uns Delphin-Menschen bedeutet das, uns das Leben nicht mit großartigem Planen bis ins letzte Detail zu vergrämen! Sich bei allem etwas Fuzzi, eine Zeitreserve, zu gönnen, die unsere Tätigkeiten ruhiger ablaufen läßt. Kein Perfektionismus, umständlich vom Verstand diktiert! Denn ab einem gewissen Grad an Perfektion ist der Aufwand für das geringe Mehrerreichte überproportional groß. »Nobody is perfect« – Niemand ist vollkommen. Eine Sache muß nicht mustergültig sein, um zu funktionieren.

»Simplify« – Vereinfachen – heißt der Grundsatz, der unser Leben unbeschwerter macht. Es muß nicht alles so wahnsinnig kompliziert sein, wie man uns oft glauben machen möchte. Man kann auch mit weniger Aufwand arbeiten und sich Ruhepausen gönnen, ohne daß sich am Resultat etwas ändert.

Wir müssen ja nicht so weit gehen wie Arnaldo Forlani, der sagte: »Arbeit fasziniert mich, ich könnte stundenlang zusehen.«

Es gibt noch genügend alte Tugenden, die auch der Delphin im gleichen Maße besitzt und die wir am Arbeitsplatz einsetzen werden, wie zum Beispiel Zuverlässigkeit, Hilfsbereitschaft und guten Willen. Aber es kann nicht schaden, auch den Gedanken des Spielerischen einzuschleusen in das, was wir tun. Die Delphine würden es uns sonst nicht vormachen.

10. Kapitel

*Die Grenzen der Seele wirst du niemals erreichen,
so weit du auch wanderst.*
Heraklit (544–483 v. Chr.)

Durch seine telepathische Fähigkeit besitzt der Delphin ein höheres, weltumfassendes Verständnis der Zusammenhänge.

Was uns überrascht ist, daß zwar bei den Titeln vieler Bücher, die über Delphine geschrieben wurden, Worte wie Weisheit des Delphins, oder Lächeln des Delphins, (also seine Fröhlichkeit), oder die Ausdrücke Power to Heal, oder Wunder vorkommen, während meines Wissens bisher niemand die Seele des Delphins zum Thema seines Buches gemacht hat. Wo doch jedes dieser Attribute in der Seele eines Lebewesens wurzelt.

Die Tiefe, die Erhabenheit und Selbstlosigkeit der Delphin-Seele scheint so außergewöhnlich, so außerirdisch zu sein, daß viele, die mit Delphinen schwammen, den Schauer eines großen Mysteriums fühlten.

Manchen erging es ähnlich wie dem russischen Kosmonauten Boris Wolynow, der sein Gefühl während eines Weltraumflugs mit folgenden bewegenden Worten schilderte: »Während eines Fluges im Kosmos ändert sich die Psyche eines jeden Kosmonauten. Wenn du die Sonne, die Sterne und unseren Planeten ansiehst, gewinnst du mehr Lebensfreude, wirst milder, bekommst eine innigere Beziehung zu allem Lebendigen und entwickelst ein gütigeres und duldsameres Verhältnis zu deinen Mitmenschen.«

Horace Dobbs hat dieses Gefühl von »außerirdisch« bei einer Begegnung mit Delphinen mehrmals angesprochen. So sagte er zum Beispiel: »Immer, wenn Jean-Louis in Sichtweite kam, überkam mich der unheimliche Vergleich mit einem Raumschiff, einer fremden Intelligenz aus einer anderen Welt.«

Und an einer Stelle in einem anderen seiner Bücher schreibt er: »Es wurde in der Tat schon angemerkt, daß eine fremde Intelligenz beim Kontaktversuch mit dem Leben auf der Erde, die Delphine dem Menschen vorziehen würde.«

Tatsächlich beschrieben viele Menschen, die das Glück hatten, mit Delphinen in engeren Kontakt zu kommen, ihre Erfahrungen als »magisch«, »metaphysisch«, »nicht von dieser Welt«. Das hängt sicher zum Teil damit zusammen, daß der Delphin auch Telepathie als Kommunikationsmittel einsetzt. Im Gegensatz zu früher gibt es heute ein Vielfaches an Schilderungen von Begegnungen mit Delphinen, und zahlreiche dieser Berichte haben eindeutig bewiesen, daß Delphine Telepathie praktizieren. Auch Fachleute und Wissenschaftler sind heute davon überzeugt.

Nun ist und bleibt Telepathie für uns Menschen etwas Mysteriöses. Eine Verständigung ohne jegliche Verbindung, ohne jeden Zusammenhang zwischen den Teilnehmern kann auch heute physikalisch noch nicht erklärt werden. Es sei denn, man ordnet das Phänomen den Erkenntnissen über die unsichtbare Vernetzung zu, welche die Quantenphysik ans Tageslicht gebracht hat.

Wie dem auch sei, jedem läuft eine Gänsehaut über den Rücken, der zum erstenmal selbst Telepathie bei sich erlebt. Einem der Autoren dieses Buches erging es jedenfalls so, als er einmal hinter einem Klavier im Halbdunkel einer Bar eines Grand Hotels saß und in die helle Hotelhalle blickte, wo gerade drei tibetische Mönche in ihren orangefarbenen Umhängen zum Lift gingen. Sie wandten ihm den Rücken zu, konnten ihn also unmöglich sehen. Plötzlich kam ihm die mittlere der drei Gestalten vertraut vor, und er dachte ganz intensiv: »Mein Gott, das ist ja der Dalai Lama, den ich so verehre!«

In diesem Augenblick blieb der Dalai Lama abrupt stehen, drehte sich zu ihm um, sah ihm in die Augen und machte eine Verbeugung vor ihm. Worauf er sich wieder mit den anderen zum Lift begab, in dem sie verschwanden. Dieses Erlebnis hat unseren Co-Autor tief beeindruckt und von da an seinen Gedanken, seinem Interesse eine neue Richtung verliehen.

Ilona Selke schreibt in ihrem Werk Weisheit der Delphine: »Don hatte ein paar erstaunliche Dinge mit Grandy, der wildlebenden schwangeren Delphin-Mutter erlebt. Don war ihr offenbar besonders sympathisch. Sie ermunterte ihn, allein mit ihr zu schwimmen, Seite an Seite, was Don sehr ungewöhnlich fand. Don und Grandy schwammen nebeneinander in tiefer innerer Kommunikation, und tauschten sich über das Delphin-Junge aus, das sie in ihrem Leib trug. Nach zwanzig Minuten endete dieser tiefe telepathische Austausch, und Grandy schwamm mit kräftigen Stößen ihrer Schwanzflosse davon. Don war tief bewegt, eine so freundschaftliche Nähe zu einem Delphin erlebt zu haben.«

Ilona Selke, die selbst eine starke Begabung für Telepathie besitzt und diese schon oft unter Beweis stellen konnte, erwähnt an einer anderen Stelle ihres Buches auch noch folgendes Vorkommnis:

»Ich weiß nicht, wie lange ich mit den Delphinen herumgeschwommen bin, als ich plötzlich eine klare und laute Botschaft in meinem Kopf hörte: 'Du mußt jetzt das Wasser verlassen. Schwimme sofort zum Strand zurück! Du darfst nicht weiter mit uns schwimmen, sonst reicht deine Kraft nicht aus, um sicher an Land zurückzukehren.'

Ich streckte meinen Kopf aus dem Wasser, um nachzusehen, ob die anderen auch bereits zurückschwammen. Zu meiner Überraschung hoben Don und eine der beiden Frauen fast im gleichen Moment ihre Köpfe.

›Habt ihr gehört, was ich gehört habe?‹ fragte ich sie.

›Daß wir zurückschwimmen sollen?‹ fragte die andere Frau.

›Ja, das habe ich auch gehört‹, fügte Don beeindruckt hinzu.

›Also gut, Leute, wir sollten wohl besser auf sie hören‹, sagte ich. ›Schwimmen wir zum Strand.‹

Die Delphine entfernten sich und schwammen offensichtlich hinaus ins offene Meer, was uns die Entscheidung erleichterte.

Langsam und stetig schwammen wir zurück, tief und rhythmisch atmend.

Der Strand kam nur ganz allmählich näher, und mein linker Knöchel begann heftig zu schmerzen. Ganz offensichtlich wußten die Delphine mehr über meine körperliche Verfassung als ich selbst. Jetzt, wo ich wieder stärker auf meinen Körper achtete, merkte ich, wie erschöpft ich war. Ich wurde von Panik erfaßt und fragte mich, ob ich es bis zum Strand schaffen würde. Was ist, wenn ich einen Krampf in meinen Beinen bekomme? Ich fühlte mich ermüdet und schwach.

Behalte einen klaren Kopf! ermahnte ich mich. Du schaffst das schon! – Gleichmäßig paddelte ich mit meinen Schwimmflossen und kam langsam voran. Unter mir konnte ich jetzt schon den Sand sehen. Ich konzentrierte meinen Blick auf die Wellenstruktur des Sandes und quälte mich mühsam voran. Dann hörte ich hinter mir das Sonar der Delphine. Diese Schwindler, dachte ich. Sie wußten, daß wir womöglich nicht rechtzeitig zum Strand zurückgeschwommen wären, wenn sie in unserer Nähe geblieben wären.

Deshalb hatten die Delphine sich von uns entfernt und so getan, als würden sie ins offene Meer davonschwimmen. Erst als sie sicher waren, daß wir auch wirklich auf dem Rückweg zum Strand waren, kehrten sie zurück, um uns notfalls helfen zu können.

Als ich endlich festen Boden unter den Füßen spürte, zog ich meine Schwimmflossen aus. Die Wellen waren sehr klein, und ich glaubte, es von hier aus problemlos bis an den Strand zu schaffen. Doch ich hatte meine verbliebene Energie überschätzt. Als ich aus dem Wasser steigen wollte, gaben meine Beine nach. Die Schwerkraft war in diesem Moment einfach zuviel für mich. Langsam kroch ich auf allen Vieren aus dem Wasser in die Sicherheit des trockenen Sandes und brach schließlich im Schatten einer Palme zusammen.

Die Delphine wußten offenbar mit absoluter Präzision, wieviel Energie mir *noch zur Verfügung stand und wieviel Kraft erforderlich war, um zum Strand zurückzukehren. Don und die andere Frau erreichten den Strand gleichzeitig, und wir staunten darüber, daß wir die gleiche Botschaft von den Delphinen empfangen hatten.*

Hatten die Delphine demnach nicht nur unsere Kraftreserven richtig eingeschätzt, sondern auch gezielt und absichtsvoll mit uns kommuniziert? Falls das zutraf, mußten wir unsere Vorstellung von Kommunikation grundlegend überdenken und auch Ebenen einbeziehen, die wir Menschen bislang als ›unmöglich‹ oder ›unwissenschaftlich‹ abgetan hatten. ... Während wir unter dem Baum lagen, kehrte auch die vierte Frau an den Strand zurück. Sie war ein Stück von uns anderen entfernt geschwommen und hatte plötzlich gespürt, daß es Zeit war, den Strand anzusteuern. Ganz offensichtlich hören nicht alle Leute die Delphin-Botschaften in Worten. Manchmal erreichen sie uns als ein sich plötzlich einstellendes Gefühl, oder jemand folgt einfach dem Impuls, etwas Bestimmtes zu tun.«

Kirsten Kuhnert drückt in ihrem Buch Jeden Tag ein kleines Wunder *ihre gedankliche Bindung an den weiblichen Delphin Spunky, der ihrem autistischen Kind geholfen hat, folgendermaßen aus:*

»Martin Schata hatte Timmy aus dem Tal des Todes befreit und ihn dazu gebracht, weiterzuleben. Doch Spunky holte Timmy wirklich in unsere Welt zurück und erlöste ihn aus einem Teil seiner Isolation. Deshalb empfinde ich für sie genauso viel Dankbarkeit und Liebe wie für seinen eigentlichen Lebensretter. Sie wird für mich immer etwas Besonderes bleiben. Wie lebt man aber die Beziehung zu einer Freundin, mit der man kein Glas Wein, kein Täßchen Kaffee trinken und schon gar keine Zigarette rauchen kann?

Was Spunky und mich verbindet, ist die höchste Form von Kommunikation, nämlich die ohne Worte. Unsere Beziehung ist nie ausgeglichen. Sie versteht mich viel besser als ich sie. Ich kann ihr nichts vormachen, denn sie hat die Gabe, mich zu durchschauen. Selbst mit sorgfältigstem Make-up erkennt sie meine wahren Stimmungen. Ihr durchdringender Blick sucht fortwährend nach den tiefsten Tiefen meiner Seele. Und sie findet sie immer. Unzählige Botschaften, kleine Hinweise, große Erleuchtungen und wunderbare Empfindungen habe ich im Laufe der Jahre in ihrer Gegenwart und durch sie erfahren. Und ich habe meine Tränen wiedergefunden.«

Horace Dobbs meint dazu: »Kommunikation spielt eine Schlüsselrolle in unserem Verständnis dessen, was in anderen Lebewesen vor sich geht. Neben Telepathie benutzen Delphine auch Laute als Hauptkommunikationsmittel. Aufgrund ihres großen Lautspektrums haben sie das Potential, eine große Menge Informationen innerhalb eines sehr kurzen Zeitraums abzugeben.« [19]

Nun ist es sicher interessant zu erfahren, wie jemand, der mit wilden Delphinen schwamm, deren Sonarsprache empfand.

»Es war wirklich verblüffend«, schreibt beispielsweise Ilona Selke. »Weil das Wasser trüb war, konnte ich nicht sehr weit sehen – vielleicht eine Körperlänge. Aber zum ersten Mal hörte ich das Sonar der Delphine. Ihre Rufe waren kurz und hoch. Manchmal ertönten sie kurz hintereinander, wie Perlen auf einer Schnur. Manche schienen auf mich abzuzielen und berührten meinen Körper wie Luftbläschen.«[10]

Richard O'Barry schrieb: »Das Tier war inzwischen aufgetaucht und hörte (unserem Gespräch) interessiert zu. Delphine haben ein außerordentlich gut ausgebildetes Gehör. Sie sehen mit ihrem Echolotsystem und können genau feststellen, wie weit entfernt oder wie schnell etwas ist, in welche Richtung es schwimmt, welche Größe, ja sogar welche Dichte es hat. Ich habe Tests durchgeführt, die beweisen, daß Delphine sogar Gold von Silber unterscheiden können. Delphine geben ständig irgendwelche Geräusche von sich: Schnalzen, Klicks, Pfeifen und hochfrequente Töne, die wie Musik klingen.«

Am genauesten beschreibt Marc Carwardine das Kommunikationssystem des Delphins: »Delphine können sich mit Hilfe einer besonderen Form des Sonars, dem Echoortungssystem, ein ›Lautbild‹ ihrer Umgebung erstellen. Sie stoßen klickende Geräusche aus, die von anderen Tieren oder Gegenständen im Wasser reflektiert werden. Dieses Echo wird dann von ihnen empfangen und analysiert. Die Echoortung ist eine hochentwickelte Form des Sonars (engl. Abkürzung für Sound Navigation and Ranging). Theoretisch ähnelt sie dem Echolot der Schiffe, die damit die Wassertiefe messen, und Fischschwärme sowie U-Boote aufspüren können. Das Echolotprinzip ist im Grunde einfach: Ein Schallimpuls wird ins Meer ausgesendet und das zurückkehrende Echo aufgefangen und ausgewertet. Das von den Delphinen verwendete System ist dagegen so komplex und raffiniert, daß menschliche Sonarexperten schlichtweg sprachlos sind. Die menschliche Technik ist zwar brauchbar, aber im Vergleich nur eine primitive Imitation.« [7]

Man kann sagen, daß vieles am Delphin geheimnisvoll ist. Selbst die Konstruktion seines Körpers. So wurde die einmalige Beschaffenheit der Delphin-Haut immer wieder von Flugzeugkonstrukteuren studiert, weil nachgewiesen ist, daß die Hautstruktur des Delphins auf Flugzeuge übertragen bis zu dreißig Prozent Treibstoff einsparen würde.

Und Theodor Dolezol stellte fest: »Das größte Rätsel ist das Delphin-Gehirn. Das Gehirn des Großen Tümmlers ist um ein Viertel schwerer als das menschliche Gehirn und mindestens ebenso reich gegliedert, wenn nicht reicher.«

Selbst in den Worten eines Skeptikers, des Zoologen Dr. Gewalt klingt Bewunderung auf: »Wenn man als Anatom zum ersten Mal ein Delphin-Gehirn sieht, dann ist es beinahe erschlagend, was man da vorfindet: ein derart hochentwickeltes Gehirn.«

So steht längst fest, daß Delphin-Hirne eine viel größere Informationsmenge pro Zeiteinheit bewältigen als menschliche Gehirne.

»Die Delphine haben mindestens die Intelligenz des Menschen, doch keine Arme und Hände, deswegen haben sie die Welt nie erobert, und deswegen zerstören sie die Welt auch nicht«, stellt der Schweizer Schriftsteller Max Frisch fest.

Und Douglas Adams' berühmt gewordener Ausspruch in Per Anhalter durch die Galaxis lautet: »Der Mensch glaubte immer, er sei intelligenter als Delphine, weil er so viel geschaffen hat: das Rad, New York, Kriege und so weiter – während die Delphine immer nur im Wasser herumhängen und ihren Spaß haben. Im Gegensatz dazu glaubten Delphine immer, daß sie viel intelligenter als die Menschen seien, und zwar genau aus letzteren Gründen.«

Leider wurden und werden Delphine auch weiterhin für militärische Zwekke dressiert, was das schändlichste allen schändlichen Verhaltens diesen Tieren gegenüber ist. Dabei haben Wissenschaftler feststellen können, daß ein Delphin manchmal ganz willentlich ein Experiment herumdreht und damit ein reproduzierbares Ergebnis vereitelt. So haben Delphine, die darauf trainiert wurden, Napfminen an ein feindliches Schiff zu heften, das neun- von zehnmal getan. Doch beim zehnten Mal hefteten sie die Mine an ihr eigenes Schiff. Auf Grund dieses Verhaltensmusters mußte die Idee, Delphine zum Anbringen von Minen zu benutzen, aufgegeben werden. Damit haben die friedliebenden Delphine gezeigt, daß sie oft zu intelligent sind, um in eine lebendige Kriegswaffe verwandelt zu werden.

Sehr weise, hochstehend und einzigartig muß man den großartigen Gedanken nennen, den Theodor Dolezol in seinem Werk Delphine – Menschen des Meeres *ausgedrückt hat und den wir zum Schluß dieses Kapitels unbedingt zitieren möchten: »Es bedeutet eine große Herausforderung, Wesen anderer Art als intelligent zu erkennen. Die beginnende Raumfahrt hatte die Wirkung, daß Menschen die Erde mit eigenen Augen als Himmelskörper sehen konnten und in den Stand versetzt wurden, die Stellung unseres unbedeutenden Planeten im Weltall auch gefühlsmäßig zu akzeptieren. Ebenso würden weitere Fortschritte in der Erforschung der Delphine zu einer objektiveren Einschätzung der Stellung kommen, die der Mensch in der Ordnung des Lebendigen einnimmt. Die Biologie frönt noch immer dem homozentrischen Weltbild, daß der Mensch der Mittelpunkt, die höchste Stufe aller Intelligenz sei. Das ist sicher nicht weniger falsch, als das geozentrische Weltbild der längst überwundenen Astronomie vergangener Jahrhunderte, wo man verkündete, die Erde sei der Mittelpunkt des Universums.«*

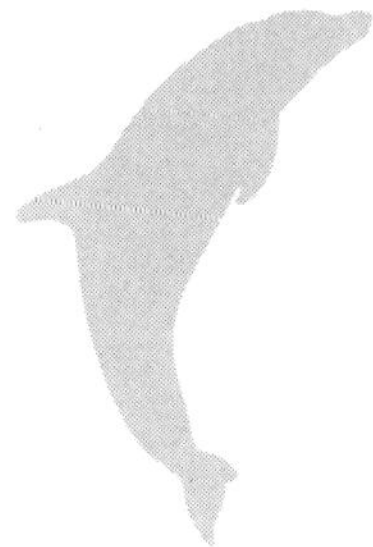

11. Kapitel

Alles, was geschieht, wird dem Bewußtsein
des Kosmos übermittelt und ist Mitursache
von allem, was geschieht.
Marc Aurel (121–180 n. Chr.)

Der Mensch muß seine voraussehenden Kräfte
wieder entdecken, muß mehr
auf seine innere Stimme hören.

Sobald wir wichtige Entscheidungen nicht allein mit dem Verstand treffen, sondern indem wir auf unsere innere Stimme hören, befinden wir uns in Kontakt mit der Natur und den kosmischen Kräften. Und wir bekommen es bestätigt durch ein Gefühl des Losgelöstseins von Problemen, ein Gefühl von Dankbarkeit. Wir spüren ganz deutlich, daß wir uns auf einem Weg befinden, auf dem uns alles gelingt, weil der Kosmos seine schützende Hand über uns hält.

Wie sehr wir Menschen leider unsere Intuition zu unterdrücken pflegen, zeigt sich, sobald wir Delphine aus nächster Nähe erleben und ihnen in die Augen blicken. Denn dies setzt sofort eine ganze Flut von Emotionen frei: überschwengliche Freude, Tränen, Glück – oder was der einzelne sonst dabei empfinden mag.

»Der Mensch sollte endlich lernen, seinen Gefühlen freien Lauf zu lassen, Lachen, Weinen, Lustgefühle, weil das Unterdrücken von Emotionen Depressionen und andere seelische Schäden hervorruft.« [23] meint Patrik Leigh Fermors in Travels in the Pelopones.

Ilona Selke erzählt in Weisheit der Delphine, daß ihr die verpaßte Gelegenheit, mit einem Delphin zu schwimmen, eine Lektion gewesen sei, die sie begriffen habe. Nämlich, daß sie aufgerufen sei, stärker im Einklang mit ihrer inneren Wahrheit zu handeln. »Wieder einmal wurde mir bewußt, wie sehr wir Menschen unsere Intuition unterdrücken. Wie oft hatte ich mich schon entschieden, etwas nicht zu tun, nur weil es unpassend gewesen wäre! ... An diesem Tag, in Gegenwart der Delphine, wurde mir klar, daß ich besser auf meine innere Stimme hören mußte.«

Diese Aussage stellt auch die letzte Lektion dar:

№ 5

Die Weisheit Nummer fünf, die wir vom Delphin lernen, lautet: Bei jeder Entscheidung auf unsere innere Stimme hören!

Was auch auf uns zukommen mag, eine Situation, eine Möglichkeit, ein Plan ... als erstes werden wir es immer mit unserer Intuition durchleuchten. Wir werden ganz intensiv auf das Gefühl »horchen«, das wir dabei empfinden: Ist es ein gutes, glückliches Gefühl, oder fühlen wir uns freudlos, unsicher, flau. Es ist so einfach! Und macht alles so einfach!

Und sollten wir uns wirklich einmal nicht schlüssig geworden sein, dann werden wir das tun, was man vage mit 'Meditieren' bezeichnet und was die Franzosen »faire le vide«[C] nennen. Das heißt, wir werden alle Gedanken aus dem Kämmerlein unseres Gehirns verbannen, bis es völlig leer ist und Platz geschaffen wurde für die Botschaft, auf die wir gewartet haben.

Dieses Leermachen ist eine Wissenschaft, die schon seit Jahrtausenden gelehrt wurde. Doch im Prinzip ist es eine einfache Sache, denn diesen Zustand gedankenlosen Vor-sich-hin-Dösens können wir überall im Alltag trainieren ... unter der Dusche, in der Badewanne, unter der Trockenhaube beim Friseur, in einem Wartezimmer ... oder an einem heißen Sommertag, wenn wir uns an den Strand gelegt haben, um uns bräunen zu lassen und gerade auf der Schwelle zu einem Nickerchen sind. Eben immer dann, wenn unsere Gedankenmühle stillsteht, wenn kein einziger Gedanke mehr in uns herumspukt. Das ist es, was man Meditation nennt. Und sobald wir sie in Gang gesetzt haben, kommt auch die Botschaft, ob unser Projekt vom Kosmos als gut befunden wurde, oder nicht.

Auch ein Traum kann uns eine Botschaft bringen, denn unsere seelische Landschaft und das Universum sind immer miteinander verbunden. Aus diesem Grund sollten wir uns auch eine andere Einstellung zum Zufall aneignen. Denn Zufall ist das, was uns vom Universum zufällt. Es wird etwas auf unseren Weg geworfen, und oft verstehen wir weder warum das geschieht noch was es bedeuten soll. Aber es fiel bestimmt nicht von ungefähr vor unsere Füße.

Lassen wir den Verstand beiseite, und schließen wir das, was uns der Zufall beschert, in kindlichem Vertrauen in unser Herz. Es kommt der Augenblick, wo wir mit seiner Hilfe die Vorsehung erkennen werden.

Überhaupt sollte das kindliche Vertrauen, welches wir in der Nähe von Delphinen empfinden, unser Leben bestimmen. Freuen wir uns an allem, woran man sich freuen kann, nicht nur zu Gelegenheiten wie Weihnachten, Geburtstagen, Festtagen. Richten wir unsere Augen so oft wie möglich auf die Natur: Freuen wir uns an jeder Blume, jedem Baum, jedem Strauch, jeder Blüte; an jedem Tier, und sei es das kleinste, unscheinbarste. Schenken wir täglich Gedanken der Liebe an die Wunder der Natur um uns herum. Bleiben wir bis ins hohe Alter hinein romantisch und allen Formen der Liebe zugewandt, denn wie heißt die Zeile eines amerikanischen Evergreens so schön:

»The greatest thing, you ever learn, is just to love, and to be loved in return.«

Auch das ist eine Wahrheit, zu welcher uns der Delphin inspiriert. Wie alles, was wir über dieses einzigartige Wesen gehört und von ihm gelernt haben.

Du schnellst durch grüne Wasser
als Symbol der Freude,
katapultierst dich aus den Tiefen,
um den Himmel zu berühren,
versprühst Tropfen von Gischt
wie eine Handvoll Diamanten.

Nie gefangen in Vorschriften,
gefesselt von Verkaufszielen,
kein Zug oder Flug, den du erreichen mußt.
Deine Zeit wird bestimmt
von den Strömungen des Meeres
und dem Schimmer des Mondes.

Du schenkst uns ein Bildnis von Verzückung,
das wir hinter den Türen
der Erinnerung verschließen.
Für ruhige Momente,
wenn wir, erlöst von unserem Besitzdenken,
von Freiheit und Freundschaften träumen,
die den deinen gleichen.

Horace Dobbs

Quellennachweis

1 Vester, Frederic: Unsere Welt – ein vernetztes System. Hamburg 1983

2 Teves, D.: Mexico City – die größte Stadt der Welt. TV-Reihe »Länder Menschen Abenteuer« (WDR)

3 Fischer, Theo: WU WEI – die Lebenskunst des Tao. Hamburg 1992

4 Capra, Fritjof: Das Tao der Physik. Bern/München/Wien 1984
ders.: Wendezeit – Bausteine für ein neues Weltbild. Bern/München/Wien 1991

5 Dobbs, Horace: Das Buch der Delphine. München 1991

6 Kuhnert, Kirsten: Jeden Tag ein kleines Wunder – die Geschichte der Delphine. München 1999

7 Carwardine, Marc: The Book of Dolphins. Limpsfield 1996 – Deutsche Ausgabe: Delphine. Augsburg 1996

8 Cochrane, Amanda/Callen, Karena: Dolphins and Their Power to Heal. London, 1992

9 Bercovitch, Pascale Noa: Das Lächeln des Delphins. München 2000

10 Selke, Ilona: Weisheit der Delphine. München 1999

11 Gewalt, Wolfgang: Wale und Delphine. Berlin/Heidelberg 1993

12 Soury, Gérard: Delphins en Liberté. Paris 1996

13 Münchner Merkur/TZ: Gelähmtes Genie – wir werden nicht überleben. Ausgabe vom 18. Oktober 2001

14 siehe 4

15 Redfield, James: Die Prophezeiungen von Celestine. München 1994

16 Kelder, Peter: Die fünf Tibeter. Wessobrunn 1989

17 Breier, Ralf/Reiter, Jörg: Delphingeschichten. Gütersloh 1992
18 McKenna, Virginia: Into the Blue. London 1998
19 siehe 5
20 Dolezol, Theodor: Delphine – Menschen des Meeres. Wien 1973
21 Alpers, Antony: Delphine – Wunderkinder des Meeres. Bern/München/Wien 1962
22 Coelho, Paolo: Der Alchimist. Zürich 1996
23 Fermors, Patrik Leigh: Travels in the Peloponnes. London 1991
24 Hayter, Adrian: The long Voyage. München 1960
25 O'Barry, Richard: Das Lächeln des Delphins. Bergisch-Gladbach 1990

Anmerkungen des Verlages

A *Winston Churchill: 1874–1965, britischer Premierminister während des Zweiten Weltkrieges*

B *Homo sapiens, lat. = der wissende Mensch*

C *faire le vide, frz. = in die Leere gehen*

Weitere Bücher im Schirner Verlag www.schirner.com

Mark Fisher
Der alte Mann und das Geheimnis der Rose
Wege zu Wohlstand und Weisheit
224 S., Paperback
ISBN 3-89767-125-5
Ein Roman über die lebensverändernde Kraft unserer Träume

Mark Fisher/Marc Allen
Das Arbeitsbuch zu „Der alte Mann und das Geheimnis der Rose"
Lernen Sie den Erfolg zu denken
192 S., Paperback
ISBN 3-930944-39-1
Eine Anleitung zur Erlangung innerem und äußeren Reichtums in sieben Schritten

Susanne Hühn
Loslassen und Vertrauen lernen
Spirituelle Selbstverantwortung und innere Heilung
128 S., Paperback
ISBN 3-89767-140-9

Das Buch beschreibt einen spirituellen Entwicklungs- und Genesungsweg, der eine echte, tiefgreifende Verhaltensänderung zum Ziel hat. 12 Schritte bilden die Brücke zwischen dem eigenen Leben und einer gesunden spirituellen Kraft, die jeder für sich definiert, also nicht religionsabhängig ist.

Susanne Haag
NLP – Eine Einführung
Fähigkeiten entdecken, Bewußtsein entwickeln, Leben verändern
208 S., Paperback
ISBN 3-89767-067-4

- Wirksame Mentalmethoden zur Überwindung von inneren Hindernissen
- Umgang mit Empfindungen und inneren Bildern
- Übungen zur besseren Steuerung der inneren Erlebniswelt (inkl. „Notfallschalter")
- Innere Orte zum Kräftesammeln und Ruhefinden einrichten

Dr. Michael Weiss
Mensch und Management
Energiepotentiale zukünftiger Unternehmen
176 S., Hardcover
ISBN 3-89767-186-7
Dieses Buch schlägt eine *Brücke zwischen Wirtschaft und Spiritualität,* Geist und Geld, Arbeit und Liebe. Anschaulich und logisch wird beschrieben, daß sich in der Führungsebene eines Unternehmens die Energien aller Mitarbeiter bündeln und deshalb tiefgreifende Veränderungen sowie die Erschließung noch brachliegender Potentiale von hier aus erfolgen müssen.

Paul Ferrini
Dem Glück auf der Spur
Das Glück des Augenblicks liegt in deiner Hand
160 S., Paperback
ISBN 3-930944-67-7

Wenn wir aufhören, in unserem Leben nach Fehlern zu suchen, können wir es erfüllter leben. Dann bewegt sich unser Leben mit Kraft, Zielgerichtetheit und Integrität. Nichts fehlt, nichts ist verbesserungsbedürftig, nichts kaputt. Es ist vollkommen, so wie es ist.

Paul Ferrini
Leben in Hingabe
Wie man sein Herz öffnet und darin wohnen bleibt
120 S., Paperback
ISBN 3-930944-92-8

„Wenn ich in diesem Buch über Hingabe spreche, geht es darum, das Ego-Bewußtsein aufzugeben, die Trennung von Herz und Verstand zu überbrücken und eine Bewußtheit zu entwickeln, die größer ist und umfassender."

Paul Ferrini
Zusammen Wachsen
Schitte zum liebevollen Miteinander
172 S., Paperback
ISBN 3-930944-82-0

Sieben Regeln für eine faire Partnerschaft sind hier knapp aber tiefgehend formuliert, womit Sie das Werkzeug an die Hand bekommen, Ihre Beziehungen zu überprüfen und, wo nötig, zu korrigieren.

Paul Ferrini
Aus der Tiefe des Herzens
Vergebung entdecken, erlernen, erleben
184 S., Paperback
ISBN 3-89767-095-5

Vertrauen in das Leben, Gleichwertigkeit mit anderen, Verantwortung für sich selbst übernehmen und Vergebung, gelebt in jeder Minute und das gegenüber anderen wie sich selbst, bilden die Schlüssel für die Tür zu einem erfüllten und selbstbestimmten Leben. Lernen Sie sie kennen und machen Sie sich zu eigen!

Marlies Holitzka &
Klaus Holitzka
Der kosmische Wissensspeicher
Mit allem verbunden sein und es im Alltag nutzen
286 S., s/w-illustriert,
Paperback
ISBN 3-89767-129-8

Ein Brückenschlag zwischen der altindischen Akasha-Chronik, Schamanismus und den modernen Wissenschaften wie beispielsweise Quantenphysik und Quantenmedizin, PSI-Forschung oder in der Theorie der morphogenetischen Felder.

Marlies Holitzka &
Klaus Holitzka
Ganz im Moment
oder: Warum sollte sich ein Tautropfen vom dem Ertrinken im Ozean fürchten?
Auf der Spur von mehr Klarheit, Gelassenheit, Weisheit und Erleutung
304 S., s/w-illustriert,
Hardcover
ISBN 3-89767-159-X

Eine Fülle von modernen und uralten Überlegungen, zeitlosen Erkenntnissen, einfachen und praxisorientierten Übungen, weisen Geschichten und Trance-Reisen, die Sie auf Ihrem ganz persönlichen Weg zu mehr geistiger Klarheit, innerer Gelassenheit und einer weiseren Lebensführung begleiten

Heike Owusu
Atmen
Übungen zur richtigen Atemtechnik
Spielzeit: 62:04 Min.
ISBN 3-89767-021-6

Heike Owusu
Autogenes Training
Klassische Formelsammlung zur Entspannung und Ruhe
Spielzeit: 44:28 Min.
ISBN 3-930944-71-5

Heike Owusu
Progressive Muskelentspannung
Klassische Formelsammlung zur Lösung von Energieblockaden
Spielzeit: 49:54 Min.
ISBN 3-930944-70-7

Thors
Natur pur
Reine Naturklänge zum Enstpannen und Meditieren
Spielzeit: 70:36 Min.
ISBN 3-89767-094-1

Antar Sangeet
Klangschalen-Meditation
Meditationsmusik
Spielzeit: 61:08 Min.
ISBN 3-89767-093-3

Katharina Grawunder
Stille finden
Eine Reise in die Entspannung mit Musik
Spielzeit: 39:35 Min.
ISBN 3-89767-096-8